ワンコイン問題集シリーズ

小6 国語 問題集

日栄社

刊行にあたって

「バブル崩壊」という経済的な事件が、日本で一九九〇年近辺に起こりました。一九四五年に第二次世界大戦に敗戦した日本は、戦後の復興から、約半世紀にわたる経済成長をとげましたが、「バブル崩壊」は「高度経済成長」から続いていた日本の右肩上がりの時代の終わりを告げるものでした。

それ以降、日本では「失われた三十年」とも言われる沈滞の時代が続いています。「一億総中流」と呼ばれ、がんばれば誰もが豊かになれると信じられた社会から、貧困率が上昇し続ける「格差社会」へと、日本の社会は姿を変えつつあります。子どもたちの生活においても、「7人に1人」が貧困であると言われています。

貧困は子どもたちから教育の機会を奪います。子どもが成長して親になったときに、教育の不足ゆえに低い収入で働き続けることを受け入れざるを得なかったとすれば、その次の世代の子どもも、また貧困に苦しみ、十分な教育から遠ざけられかねません。これは「貧困の連鎖」「格差の連鎖」と呼ばれています。

また、教育の不足で十分な収入が得られないために、不本意ながら結婚や出産をあきらめる人たちもいることでしょう。青壮年の貧困は「少子化」の大きな原因のひとつともなっています。

こういった悪循環は、日本の現在の大人である私たちが作りだしたものであり、子どもたちには何の責任もありません。この悪循環を止めるにはいろいろな方法があろうかと思いますが、「高齢化」が進行し、福祉にますます財源が必要になる中でも、貧しさが原因で子どもが学びをあきらめるような社会をつくってはならないと、私たちは考えています。

『ワンコイン参考書・問題集（税別500円）／ツーコイン電子参考書・電子問題集（税別200円）』は、未来を担う日本の子どもたちが安くても良質な参考書・問題集を手に取れるようにとの思いで刊行しました。この理念に賛同してくれた著者の先生や、制作会社、印刷会社の人たちのおかげで、このシリーズを刊行することができました。

子どもたちよ、どうか「学びを、あきらめない」でください。このシリーズが子どもたちの役に立つことを祈っています。

二〇二二年一〇月二七日　日栄社編集部

もくじ

小6国語問題集

第1章 ことばと漢字

1 かなづかいと送りがな

解答 220ページ

1 **例にならって、次の各文から「かなづかい・送りがな」のまちがいを見つけ、その部分を正しく直したものを解答らんに書きましょう。**

(例) その国のおおさまと会いました。 (答) おうさま

(例) このバッグは高かくて買えない。 (答) 高くて

①づいぶんつらい思いをしてきました。

②こんどこそ、ぼくがせんとおで走るぞ。

③寒かったせいか、池のこうりがあつくはっている。

④おとおさんといっしょに山に登りました。

⑤このみそずけはとてもおいしいね。

⑥おもてどうりが急にやかましくなりました。

⑦こずつみはていねいにひもでしばっておこう。

⑧ちかじか遠足の予定が発表されます。

⑨いちぢくの実がたくさんとれました。

⑩私が意見をゆうと、みんなが混乱《こんらん》します。

①	②
③	④
⑤	⑥
⑦	⑧
⑨	⑩

⑪ぼくわね、こう見えても努力家なんだ。
⑫なんとすづしい風がふいてくるのだろう。
⑬駅まではまだとうい。
⑭とてもはづかしいまねをしてしまったらしい。
⑮えんぴつを一本づつていねいにけずりはじめた。
⑯宿題がこんなにおういのは久しぶりだ。
⑰おそるおそる近ずいたが、何も見えなかった。
⑱次の日曜日に改ためてうかがいます。
⑲この喜こびをどう表現したらよいのだろう。
⑳広場にはたくさんの人々が群らがっていた。

⑪	⑬	⑮
⑫	⑭	⑯

⑰	⑱
⑲	⑳

㉑田舎で商店を営なんでいた両親が廃業《はいぎょう》してこちらへ出てくる。

㉒多くの兵を率きいて戦場へ向かう。

㉓自分で確めたことなのだから自信を持ちなさい。

㉔優《やさ》しかった父の影響《えいきょう》を受け小説家を志ざす。

㉕少しぐらい天気が悪くても運動会は行れるでしょう。

㉖私はためしに鏡に向って呼《よ》びかけてみた。

㉗昨日なくしたボールはそこにちゃんと転っていた。

㉑　㉒
㉓　㉔
㉕　㉖
㉗

参考

動詞《どうし》・形容詞・形容動詞の送りがな

1. 動詞・形容詞・形容動詞を漢字で表記する場合、送りがなは活用語尾《ごび》から送るのが原則です。
2. ただし、「新しい」「楽しい」など「しい」で終わる形容詞は「し」から、「静かだ」「和《なご》やかだ」「朗《ほが》らかだ」など「か」「やか」「らか」のつく形容動詞はその部分から送ります。

2 次のことばを、漢字に送りがなをつけた形で書きましょう。

①こころよい（快）〔　　〕
②あたたかい（暖）〔　　〕
③こまかい（細）〔　　〕
④かならず（必）〔　　〕
⑤つらなる（連）〔　　〕
⑥ととのえる（調）〔　　〕

⑦かえりみる（省）〔　　〕
⑧すこやか（健）〔　　〕
⑨いさましい（勇）〔　　〕
⑩おぎなう（補）〔　　〕
⑪みじかい（短）〔　　〕
⑫うけたまわる（承）〔　　〕
⑬すくない（少）〔　　〕
⑭いちじるしい（著）〔　　〕
⑮こころみる（試）〔　　〕
⑯あやまる（誤）〔　　〕
⑰いさぎよい（潔）〔　　〕
⑱わかれる（分）〔　　〕
⑲ひえる（冷）〔　　〕
⑳すてる（捨）〔　　〕
㉑まじわる（交）〔　　〕
㉒けわしい（険）〔　　〕

㉓さからう（逆）〔　　〕
㉔かわる（変）〔　　〕
㉕あたり（辺）〔　　〕
㉖すごす（過）〔　　〕
㉗もっとも（最）〔　　〕
㉘まじる（混）〔　　〕
㉙したがう（従）〔　　〕
㉚もちいる（用）〔　　〕
㉛おきる（起）〔　　〕
㉜ただちに（直）〔　　〕
㉝しあわせ（幸）〔　　〕
㉞みずから（自）〔　　〕

2 国語辞書の使い方

解答 221ページ

1 国語辞書で「道」「軽い」という二つのことばを調べてみると、次のようにいくつかの意味があります。

「道」＝1. 往復するところ・道路　2. きょり　3. 途中《とちゅう》
4. 道徳　5. 方法・手段《しゅだん》　6. 教え　7. 方面
8. 道筋《みちすじ》

「軽い」＝1. 目方《めかた》が少ない　2. かるがるしい　3. 手軽だ
4. 強くない・はげしくない　5. 重大でない
6. いやしい　7. 早い・軽快だ

問　次のア〜ウの文中につかわれている「道」「軽い」は、それぞれ右にあげたどの意味にあたりますか。番号で答えましょう。

「道」　ア　人としての道をふみはずしてはならない
イ　彼はその道ではだれにも負けない自信を持つ
ウ　その問題を解決する道はいくつもある

「軽い」ア　彼は、どうも口が軽くて困《こま》る
イ　ボートは、流れに乗って軽くすべりだした
ウ　母の病気は思ったよりも軽くて、まもなく退院《たいいん》できる

「道」	ア	イ	ウ
「軽い」	ア	イ	ウ

2 **次の①〜⑫のことばを国語辞書に出てくる順序に正しくならべ、記号で答えましょう。なお、外来語の長音（のばす音）は「あいうえお」に直して考えてください。**

①**ア** 実行　**イ** 実習　**ウ** 実験　**エ** 実際
②**ア** しせい　**イ** しぜん　**ウ** しせつ　**エ** しせん
③**ア** 気候　**イ** 気持ち　**ウ** 気高い　**エ** 気長
④**ア** 気強い　**イ** 通り雨　**ウ** 討論《とうろん》　**エ** 傷口《きずぐち》　**オ** 築く
⑤**ア** 五月晴れ　**イ** 賞品　**ウ** 私用《しよう》　**エ** 雑記帳　**オ** 殺気

参考

国語辞書の使い方

国語辞書の見出し語の順番は、「三つの原則」によって決まります。
1．五十音順に並んでいる。第一音が同じ場合には第二音、第二音が同じ場合には第三音が五十音順に並んでいる。
2．清音《せいおん》よりも濁音《だくおん》が後、濁音よりも半濁音が後。
3．「つ・や・ゆ・よ」よりも「っ・ゃ・ゅ・ょ」が後に来る。

⑥**ア** ユニフォーム　**イ** ゆめうつつ　**ウ** ユートピア
エ ゆうせい

⑦**ア** ビロード　**イ** ひとまね　**ウ** ヒューズ　**エ** びょうしゃ

⑧**ア** てきせい　**イ** てっぱい　**ウ** データ　**エ** てぶそく

⑨**ア** 使用人　**イ** 商人

⑩**ア** くち　**イ** くだもの　**ウ** くちぶえ　**エ** くちょう

⑪**ア** ぎょうずい　**イ** きょうかい　**ウ** きょうしつ
エ ぎょうてん

⑫**ア** 宿舎　**イ** 宿題　**ウ** 宿場　**エ** 宿願

①	②
③	④
⑤	⑥

⑦	⑧
⑨	⑩
⑪	⑫

3 **次の文中の（　）にあてはまることばを、あとのア～サから選びましょう。**

（①）辞書では、「あいうえお、かきくけこ……」の順、つまり（②）順にことばを並《なら》べてあるのがふつうです。

（②）順だけでは語順が決まらない場合には、まず、（③）音が先で、ついで（④）音、（⑤）音の順になります。

「詳細」という熟語《じゅくご》の読み方がわからない場合には、（①）辞書で調べることはできませんから、（⑥）辞典で「詳」という漢字を引きます。ある（⑥）辞典の（⑦）索引《さくいん》を見ると「ごんべん」の部は七百六ページからとのこと。そのページから順に見ていくと、「詳」は八ページ目にのっていました。

その他に、（　⑥　）辞典では、（　⑧　）索引を使うこともできます。これは、漢字全体の画数によって漢字を引けるようにしたものです。また、漢字の読み方がわかっている場合には、（　⑨　）索引を使うと便利です。

ア 部首　**イ** 清《せい》　**ウ** 音　**エ** 国語
オ 漢和　**カ** 音訓　**キ** 総画《そうかく》　**ク** 半濁《はんだく》
ケ 画数《かくすう》　**コ** 濁《だく》　**サ** 五十音

①	②	③	④	⑤
⑥	⑦	⑧	⑨	

参考

清音《せいおん》・濁音《だくおん》・半濁音

「は行」を例にとるなら、「はひふへほ」を清音、「ばびぶべぼ」を濁音、「ぱぴぷぺぽ」を半濁音といいます。

3 熟語《じゅくご》の読み方と漢字の成り立ち

解答 222ページ

1 次の各熟語《じゅくご》の読み方は、あとのア〜エのどれになりますか。

①野菜　②織物　③道順　④発芽　⑤職場　⑥消印
⑦試合　⑧家屋　⑨店番　⑩倒立《とうりつ》　⑪縁側《えんがわ》　⑫荷物
⑬首輪　⑭寝床《ねどこ》　⑮登山　⑯番組　⑰発表　⑱借家
⑲報告　⑳値段《ねだん》　㉑背中《せなか》　㉒場所

ア　音・音読み　　**イ**　訓・訓読み
ウ　重箱《じゅうばこ》読み　　**エ**　湯桶《ゆとう》読み

①	②	③	④	⑤	⑥
⑦	⑧	⑨	⑩	⑪	⑫
⑬	⑭	⑮	⑯	⑰	⑱
⑲	⑳	㉑	㉒		

参考

音読みと訓読み

原則として、聞いただけでは意味がわからないのが音読み、聞いただけで意味がわかるのが訓読みです。例えば「山」という字で言うと、「サン」と聞いただけでは何のことかわかりませんが、「やま」と聞けばすぐに意味がわかります。つまり、「サン」が音読みで「やま」が訓読みです。ただし、この原則から外れる音読み・訓読みも多数ありますので、注意して下さい。

2 次の各熟語の読みを書きましょう。

ア 兄弟（　　）
イ 小児（　　）
ウ 成就（　　）
エ 寿命（　　）
オ 容易（　　）
カ 功徳（　　）
キ 一切（　　）
ク 出納（　　）
ケ 境内（　　）
コ 精進（　　）
サ 留守（　　）
シ 漁師（　　）
ス 流布（　　）
セ 相殺（　　）
ソ 権化（　　）
タ 本望（　　）
チ 明星（　　）
ツ 追従（　　）
テ 性分（　　）
ト 一対（　　）
ナ 意図（　　）
ニ 印象（　　）
ヌ 有無（　　）
ネ 羽毛（　　）
ノ 会釈（　　）
ハ 不精（　　）
ヒ 平生（　　）
フ 養生（　　）
ヘ 余興（　　）
ホ 類似（　　）

マ　絵画（　　　）　ミ　竹刀（　　　）
ム　仲人（　　　）　メ　野良（　　　）
モ　法度（　　　）　ヤ　木綿（　　　）
ユ　禁物（　　　）　ヨ　日和（　　　）
ワ　風情（　　　）　ヲ　遊説（　　　）
ン　名残（　　　）

4 熟語《じゅくご》の組み立て

解答 223ページ

1 次の①～⑥と同じ組み立ての熟語《じゅくご》を、あとのア～クからあるだけ選びましょう。

①「援助《えんじょ》」…同じような意味の漢字を重ねたもの
②「長短」…相反《あいはん》する意味の漢字からできているもの
③「直線」…上の漢字が下の漢字を修飾《しゅうしょく》しているもの
④「登山」…上の漢字が動作を表し、下の漢字がその対象や目的となっているもの
⑤「人造」…上の漢字が主語を、下の漢字が述語を表すもの

⑥「悪性」…下に状態・性質を表す漢字がつくもの

ア 栄枯《えいこ**》　**イ** 私有《しゆう》　**ウ** 貴重《きちょう》　**エ** 暴風　**オ** 当然

カ 預金《よきん》　**キ** 日没《にちぼつ》　**ク** 単独

①	④
②	⑤
③	⑥

2 次の各問いに答えましょう。

①「快晴」と同じ組み立ての熟語を次のア〜エから選びましょう。

ア 親友　**イ** 決意　**ウ** 温暖《おんだん》　**エ** 利害

②「知識」と同じ組み立ての熟語を次のア〜エから選びましょう。

ア 是非《ぜひ》　**イ** 思考　**ウ** 進退《しんたい》　**エ** 考案

③「無理」と同じ組み立ての熟語を次のア〜エから選びましょう。

ア 禁止　**イ** 非常　**ウ** 公立　**エ** 国連

①	②	③

3 次の①〜④と同じ組み立ての熟語を、あとのア〜カから一つずつ選びましょう。

①幼児《ようじ》　②表現　③年長　④注目

ア　雷鳴《らいめい》　イ　無限　ウ　読書　エ　会見　オ　天地　カ　古都

①	②	③	④

4 次の①〜⑩の熟語と組み立てが同じものを、あとのア〜キから選びましょう。記号は同じものを何度使ってもかまいません。

①無学　②記述　③敬老《けいろう》　④出欠　⑤星霜《せいそう》
⑥進化　⑦国民　⑧価値《かち》　⑨病人　⑩公私《こうし》

ア　通行　イ　遠近　ウ　大河　エ　必然　オ　休業

カ 矛盾《むじゅん》　キ 未開

①	⑥
②	⑦
③	⑧
④	⑨
⑤	⑩

5 **次の各組の熟語の中で、それぞれ一つだけ組み立てが異《こと》なるものが入っています。その記号を答えましょう。**

① **ア** 黒板　**イ** 善人《ぜんにん》　**ウ** 河川　**エ** 机上《きじょう》
② **ア** 正誤《せいご》　**イ** 賛否《さんぴ》　**ウ** 売買　**エ** 購買《こうばい》
③ **ア** 入試　**イ** 選管　**ウ** 国民　**エ** 国連
④ **ア** 到達《とうたつ》　**イ** 新旧　**ウ** 永久　**エ** 死亡《しぼう》
⑤ **ア** 害虫　**イ** 好感　**ウ** 異国《いこく》　**エ** 歓喜《かんき》
⑥ **ア** 気化　**イ** 性別　**ウ** 美的　**エ** 公然
⑦ **ア** 委任　**イ** 正確　**ウ** 救助　**エ** 熱湯
⑧ **ア** 最後　**イ** 問答　**ウ** 去就《きょしゅう》　**エ** 自他

⑨ア 就職《しゅうしょく》　イ 新設　ウ 入浴　エ 習字

⑩ア 存在《そんざい》　イ 始業　ウ 点灯　エ 決心

①	②	③	④	⑤
⑥	⑦	⑧	⑨	⑩

6 **次の①～⑫の漢字に、反対の意味を持つ漢字を組み合わせて二字熟語を作ります。あとのア～シからそれぞれ適切なものを選びましょう。**

①主　②貸　③需　④有

⑤正　⑥公　⑦難　⑧興

⑨単　⑩利　⑪陰　⑫虚

ア 亡　**イ** 陽　**ウ** 従　**エ** 給　**オ** 実

カ 害　**キ** 易　**ク** 複　**ケ** 無　**コ** 私

サ 誤　**シ** 借

①	⑦
②	⑧
③	⑨
④	⑩
⑤	⑪
⑥	⑫

7 **次の熟語の上に漢字一字をそえて、もとの熟語と反対の意味の語を作る場合、あとのア〜エのどれを用いたらよいですか。それぞれ記号で答えましょう。**

①（　）常識　②（　）開発　③（　）賛成　④（　）理解

⑤（　）公式　⑥（　）確認《かくにん》　⑦（　）完成　⑧（　）利益

ア 不　**イ** 未　**ウ** 非　**エ** 無

①	⑤
②	⑥
③	⑦
④	⑧

8 次の①～⑤の各組にはそれぞれ一つだけ組み立ての異なるものが入っています。それを選んで記号で答えましょう。

① ア 好景気　イ 新大陸　ウ 陸海空　エ 難《なん》事件

② ア 競技会　イ 新発見　ウ 人間愛　エ 乗用車

③ ア 輸出入　イ 登下校　ウ 悪条件　エ 視聴覚《しちょうかく》

④ ア 入退場《にゅうたいじょう》　イ 未完成　ウ 不用意　エ 非公開

⑤ ア 時間割《わり》　イ 新聞社　ウ 卒業式　エ 優良可《ゆうりょうか》

①	②	③	④	⑤

参考

反対語

難《むずか》しい反対語は、ペアで覚えてしまいましょう。

5 反対語と同義語

解答 224ページ

1 次の①～⑮のことばと反対の意味を持つことば、またはよく似た意味を持つことばを、あとのア～ソから選びましょう。

①原因　②勝利　③具体　④楽観　⑤失敗

⑥許可　⑦向上　⑧単純《たんじゅん》　⑨予習　⑩公平

⑪同意　⑫全体　⑬美点　⑭収入《しゅうにゅう》　⑮心配

ア　復習　イ　悲観　ウ　部分　エ　複雑　オ　賛成

カ　禁止　キ　抽象《ちゅうしょう》　ク　結果　ケ　平等　コ　成功

サ　長所　シ　敗北　ス　支出　セ　進歩　ソ　不安

①	②	③	④	⑤
⑥	⑦	⑧	⑨	⑩
⑪	⑫	⑬	⑭	⑮

2 次の①～⑤の反対語をあとの語群から選び、漢字に直しましょう。

①安全　②需要《じゅよう》　③差別　④消費　⑤短縮《たんしゅく》

[語群]　せいさん　きょうきゅう　きけん
えんちょう　びょうどう

①	②	③	④	⑤

3 次の各組の熟語《じゅくご》の中で、同じような意味を持つものを二つ選びましょう。

① ア 長所　イ 短所　ウ 美食　エ 美点
② ア 不良　イ 不平　ウ 干満《かんまん》　エ 不満
③ ア 計算　イ 図画　ウ 企画《きかく》　エ 計画
④ ア 用意　イ 用事　ウ 準備　エ 水準
⑤ ア 完成　イ 完全　ウ 無欠　エ 無理
⑥ ア 失敗　イ 失速　ウ 失望　エ 失意
⑦ ア 原始　イ 原野　ウ 開発　エ 未開
⑧ ア 教育　イ 成立　ウ 成長　エ 発育
⑨ ア 消息　イ 消防　ウ 音符《おんぷ》　エ 音信
⑩ ア 立身　イ 出世　ウ 前進　エ 現世

①	②	③	④	⑤
⑥	⑦	⑧	⑨	⑩

参考

同義語

同義語は、意味が完全に一致《いっち》するとは限りませんので、作文を書く際は注意して使って下さい。例えば「目標」と「目的」はしばしば同義語としてあつかわれますが、「今月中にドリルを一冊《いっさつ》終わらせるのが目標だ」「最終的にはあの会社を乗っ取るのが目的だ」というように、使い方が微妙《びみょう》に異《こと》なります。

4 **次の各組の熟語の中で、同じような意味を持つものを二つ選びましょう。**

① **ア** 意外 **イ** 心配 **ウ** 案外 **エ** 以外

② **ア** 異国《いこく》 **イ** 祖国 **ウ** 建国 **エ** 他国

③ **ア** 改良 **イ** 改善《かいぜん》 **ウ** 改名 **エ** 改悪

④ **ア** 発育 **イ** 進歩 **ウ** 向上 **エ** 発生

⑤ **ア** 持久 **イ** 持参 **ウ** 永遠 **エ** 永久

⑥ **ア** 必然 **イ** 自然 **ウ** 整然 **エ** 天然

⑦ **ア** 経由 **イ** 経験 **ウ** 体験 **エ** 体育

⑧ **ア** 不安 **イ** 心配 **ウ** 不幸 **エ** 心理

⑨ **ア** 決心 **イ** 安心 **ウ** 同意 **エ** 決意

⑩ **ア** 欠点 **イ** 欠席 **ウ** 短所 **エ** 長所

①	⑥
②	⑦
③	⑧
④	⑨
⑤	⑩

5 **次のことばを漢字に直しましょう。また、同じような意味を持つ熟語をあとのア～コから選びましょう。**

①げんぶつ　②しょめん　③れいき　④しんせつ
⑤こんなん　⑥しゅよう　⑦しょゆう　⑧しがん
⑨しょち　⑩せいい

ア 辛苦《しんく》　**イ** 手紙　**ウ** 処理《しょり》　**エ** 現品　**オ** 保持
カ 寒気　**キ** 志望　**ク** 厚意　**ケ** 真心　**コ** 重要

①	②
③	④
⑤	⑥
⑦	⑧

⑨

⑩

6 四字熟語《じゅくご》

解答 224ページ

1 次の四字熟語《じゅくご》の（　）に適当な漢字を入れ、読みも書きましょう。

①（　）進（　）退　（　　）
②（　）機（　）変　（　　）
③我田（　）（　）　（　　）
④（　）怒哀（　）　（　　）
⑤一（　）不乱　（　　）
⑥（　）苦（　）苦　（　　）
⑦（　）（　）未聞　（　　）
⑧一朝（　）（　）　（　　）
⑨質疑（　）（　）　（　　）
⑩（　）場（　）致　（　　）

参考

四字熟語

四字熟語は、まず読み方を覚えて、次に意味を頭に入れましょう。ふだんの生活の中で耳にしたとき、そのつど意味を調べるように心がけると、自然と覚えることができます。四字熟語の中には、中国から伝わった故事成《こじせい》語《ご》や、慣用句《かんようく》のように使われるものもあります。

⑪ （　）語（　）断　〔　　〕
⑫ 大（　）小（　）　〔　　〕
⑬ （　）（　）男女　〔　　〕
⑭ （　）（　）絶命　〔　　〕
⑮ （　）喜（　）憂　〔　　〕
⑯ 多（　）多（　）　〔　　〕
⑰ 危（　）信（　）　〔　　〕
⑱ （　）転（　）起　〔　　〕
⑲ 花鳥（　）（　）　〔　　〕
⑳ 以心（　）（　）　〔　　〕
㉑ 意（　）表示　〔　　〕
㉒ （　）（　）白日　〔　　〕
㉓ 不言（　）（　）　〔　　〕
㉔ 完（　）（　）欠　〔　　〕
㉕ 雨（　）順（　）　〔　　〕
㉖ 生（　）競（　）　〔　　〕

㉗枝葉（　）（　）（　）
㉘（　）石（　）鳥（　）
㉙一（　）始（　）（　）
㉚（　）日千（　）（　）
㉛意気（　）合（　）
㉜五里（　）（　）（　）
㉝自由自（　）（　）
㉞一世一（　）（　）
㉟小（　）日和（　）
㊱三寒（　）（　）（　）
㊲傍若（　）（　）（　）
㊳公平（　）（　）（　）
㊴因（　）応（　）（　）
㊵三（　）五（　）（　）

2 ①～⑭の内容にあてはまる四字熟語を漢字で答えましょう。ただし次の条件を参考にしてください。

［条件1］それぞれの四字熟語の中には必ず漢数字が使われている。

［条件2］使われている漢数字は、一つだけの場合もあれば、二つ、三つ、四つの場合もある。

［条件3］（　）の中の数字は、それぞれの四字熟語の中で用いられている漢数字の和をあらわしている。

①一目で遠くまで見渡《みわた》せるほど広々としていること（千一）
②長所もあるし、短所もあること（二）
③非常に苦しむこと（十二）
④だれとでも愛想よく交際する人（八）
⑤値段《ねだん》が大変安いこと（五）
⑥冬から春に移り変わるころの気候の様子で、数日寒い日が続くと、その後の数日は暖《あたた》かい日が続く（七）
⑦あちらに数人、こちらに数人と人が散らばっている様子（十六）
⑧一つのことをして二つの利益を手に入れること（一）

⑨さまざまに変化すること（一万一千）

⑩さまざまな、大変多くのちがいがあるということ（一万一千）

⑪ほとんど死にそうになり、かろうじて助かること（十）

⑫何度も何度も、たびたび（七）

①	②
③	④
⑤	⑥
⑦	⑧
⑨	⑩
⑪	⑫

⑬何度失敗してもあきらめず、立ち上がって戦いぬくこと（十五）

⑭人の好みや考え方は、実にさまざまである（二十）

⑬	⑭

3 次の①～⑫の（　）の部分に適当な漢字を入れて四字熟語を完成させます。（　）に入れる漢字を解答らんに書きましょう。

①用意（　）到　②大胆（　）敵　③取（　）選択　④（　）小棒大

⑤起承（　）結　⑥自画自（　）　⑦半信半（　）　⑧離合（　）散

⑨前代（　）聞　⑩利害（　）失　⑪首（　）一貫　⑫馬（　）東風

①	②	③	④
⑤	⑥	⑦	⑧
⑨	⑩	⑪	⑫

4 **次のそれぞれの内容にあてはまる四字熟語をあとのカタカナの語群から選び、漢字にして答えましょう。**

①多くの人の言うことがみな一斉《いっせい》に同じであること

②他人の意見を気にとめず、聞き流すこと

③わずかな日時のこと

④前置きなしに直接本題に入ること

⑤これまでに聞いたことがないこと

⑥わずかな言葉のこと

⑦無言のうちにたがいの心が通じ合うこと

⑧全体的にはほとんど違《ちが》いがないこと

⑨一つのことに集中して他のことに心が乱《みだ》されないこと

⑩自分の都合の良いようにすること

⑪今までになく、これからもないと思われるほどめずらしいこと

⑫自分がした悪い行いの報いを自分自身が受けること

⑬広々として、限りがないこと

⑭あっちにふらふらこっちにふらふら、迷って方針《ほうしん》が立たないこと

⑮大人物は時間をかけて成長していくものだということ

[語群]

イシンデンシン　バジトウフウ　タントウチョクニュウ
コウダイムヘン　クウゼンゼツゴ　イクドウオン
ゼンダイミモン　ウオウサオウ　イチゴンハンク
タイキバンセイ　ガデンインスイ　イッシンフラン
ダイドウショウイ　ジゴウジトク　イッチョウイッセキ

①	②
③	④
⑤	⑥
⑦	⑧

⑨	⑩
⑪	⑫
⑬	⑭
⑮	

5 **次のそれぞれの内容にあてはまる四字熟語をあとのカタカナの語群から選び、漢字にして答えましょう。**

①文句やりくつを言わずにだまってやること
②評判ばかりで実質がともなわないこと
③自分で自分のしたことをほめること
④どうしてものがれられない困難《こんなん》な立場にあること
⑤行動が火のひらめきのように非常にすばやいこと

⑥一つのことに心をとらわれ、我《われ》をわすれてしまうこと
⑦時間の経過とともにたえず進歩すること
⑧進んだりしりぞいたりすること
⑨死にそうなところを生き返らせること
⑩はじめからおわりまでのこと
⑪どこも悪い所がなく完全なこと
⑫本当かどうか全部は信用できないこと
⑬世の中が開けて生活が便利になること
⑭かたよらないで私心《ししん》のないこと
⑮様々な違《ちが》い、種類があること

[語群]

ジガジサン　イチブシジュウ　タシュタヨウ
イッシンイッタイ　ムガムチュウ　キシカイセイ
ゼッタイゼツメイ　ハンシンハンギ　フゲンジッコウ
ブンメイカイカ　カンゼンムケツ　デンコウセッカ
ユウメイムジツ　ニッシンゲッポ　コウヘイムシ

⑮	⑬	⑪	⑨	⑦	⑤	③	①
	⑭	⑫	⑩	⑧	⑥	④	②

6 次のそれぞれの内容にあてはまる四字熟語をあとのカタカナの語群から選び、漢字にして答えましょう。

①一つのことで二つの利益が得られること
②強い者が弱い者をえじきにすること
③心が公平でやましいところがなく、堂々としていること
④決まった考えを持たず、むやみに他人の説に同意すること
⑤あちらこちらと旅をすること
⑥肉を入れず、野菜だけ使った料理
⑦人間の行いは、結果として必ずそれ相応の報いがあること
⑧心の持ちかたががらりと変わること
⑨人がそれぞれの才能に合った地位や任務につくこと
⑩様々に悪口を言うこと
⑪たいそう恐《おそ》れいって謝ること
⑫その場その場の変化や状況《じょうきょう》に応じて、処置《しょち》をとること
⑬小さなことを大げさに言うこと
⑭言葉で言い表せないほどひどいこと

⑮晴れの日は田畑を耕し、雨の日は家で読書すること

[語群]

フワライドウ　インガオウホウ　アッコウゾウゴン
シンキイッテン　シンショウボウダイ　ジャクニクキョウショク
セイコウウドク　テキザイテキショ　ナンセンホクバ
ゴンゴドウダン　リンキオウヘン　ヘイシンテイトウ
イッセキニチョウ　ショウジンリョウリ　コウメイセイダイ

①	②
③	④
⑤	⑥
⑦	⑧

⑨	⑩
⑪	⑫
⑬	⑭
⑮	

7 同音異義《いぎ》語・同訓異義語

解答 227ページ

1 次の各組のカタカナの部分を漢字に直しましょう。

①**ア** 左右タイショウの図形

イ タイショウ的な二人の性格

ウ 若者《わかもの》をタイショウとする意識調査

②**ア** カンシンにたえない事件

イ 歴史学にカンシンを持つ

ウ　彼女のカンシンを買おうとしてもむだだよ
エ　その犬のかしこさにはカンシンさせられる
③ア　他人の意見にイギを唱える
イ　イギのある話し合いだった
④ア　人質をカイホウする
イ　患者《かんじゃ》はカイホウに向かっている
ウ　校庭をカイホウする
⑤ア　蒸気《じょうき》キカン車
イ　消化キカン
ウ　キカン支炎《えん》

①ア	イ	ウ	
②ア	イ	ウ	エ
③ア	イ		

④ア　イ　ウ

⑤ア　イ　ウ

⑥ア　係員のシジにしたがう

イ　彼女の意見をシジする

ウ　山田教授にシジして物理学を学ぶ

⑦ア　絶好のキカイをのがす

イ　キカイ体操《たいそう》の選手

ウ　彼は何度聞いても同じ答えをキカイ的にくり返すだけだった

⑧ア　人事イドウが発表される

イ　新旧の法律《ほうりつ》のイドウを調べる

ウ　家具の位置をイドウさせる

⑨ア　政府の責任をツイキュウする

イ　真理をツイキュウする

ウ　利益をツイキュウする
⑩ア　品質をホショウする
イ　老後の生活をホショウする

⑥ア	イ	ウ	
⑦ア	イ	ウ	
⑧ア	イ	ウ	
⑨ア	イ	ウ	
⑩ア	イ		

⑪ア　議案をケントウする
イ　方角のケントウがつかない
⑫ア　ヤセイ動物を保護する
イ　ヤセイの本能に目覚める
⑬ア　ごみの分別シュウシュウ
イ　混乱《こんらん》をシュウシュウする
⑭ア　それはセイサンがあってやったことなのか
イ　過去をセイサンする
ウ　運賃《うんちん》をセイサンする
⑮ア　父はショヨウがあってでかけております
イ　ショヨウ時間

⑪ア	イ
⑫ア	イ

⑬ア	イ	
⑭ア	イ	ウ
⑮ア	イ	

2 次の各組のカタカナの部分を漢字に直し、必要な場合は送りがなをつけましょう。

①ア　成功をオサメル
イ　月謝をオサメル
ウ　学問をオサメル
エ　国をオサメル

②ア　土地の面積をハカル
イ　体重をハカル
ウ　時間をハカル

エ　問題の解決をハカル

③ア　会社にツトメル
イ　司会をツトメル
ウ　安全運転にツトメル

④ア　郊外《こうがい》から都心へ事務所をウツス
イ　教科書を書きウツス
ウ　満月をウツス湖面

⑤ア　自伝をアラワス
イ　姿《すがた》をアラワス
ウ　鳩《はと》は「平和」という意味をアラワス

①	ア	イ	ウ	エ
②	ア	イ	ウ	エ

③ア	イ	ウ
④ア	イ	ウ
⑤ア	イ	ウ

⑥
ア　乱《みだ》れた髪《かみ》をトトノエル
イ　旅の支度《したく》をトトノエル

⑦
ア　左キキのくせを直す
イ　薬のキキ目が現れる

⑧
ア　西側に富士山をノゾム庭園
イ　万全の準備で試験にノゾム

⑨
ア　布をタツ
イ　長い年月がタツ
ウ　音信をタツ

エ　退路《たいろ》をタツ

⑩ア　宇宙《うちゅう》の真理をキワメル

イ　現場は混乱《こんらん》をキワメていた

⑥	ア	イ		
⑦	ア	イ		
⑧	ア	イ		
⑨	ア	イ	ウ	エ
⑩	ア	イ		

⑪ア　白い糸の間に赤い糸が何本かマジッテいる

イ　水と油はマジリ合わない

⑫ア　父の店を息子がツグ
イ　木に竹をツグ
ウ　失敗にツグ失敗

⑪	ア	イ	
⑫	ア	イ	ウ

参考

慣用句

「慣用」とは「使い慣れた」という意味で、「慣用句」とは、人々のあいだでいいならわされて「きまり文句」となった言葉のことです。「鼻が高い」「耳が痛《いた》い」といった人体の一部を使ったものと、そうではないものに大別できます。

8 ことわざ・慣用句《かんようく》・故事成語《こじせいご》

解答　228ページ

1 次のA～Fまでは、共通の語を用いた慣用句《かんようく》のグループです。（　）にあてはまる語を漢字一文字で答えましょう。また、それぞれの慣用句の意味をあとの選択肢《せんたくし》から選びましょう。

A ①（　）が高い
②（　）にかける
③（　）をあかす
④（　）につく

⑤（　）であしらう
⑥木で（　）をくくる
ア　人をばかにしていい加減にあつかう
イ　無愛想にもてなす
ウ　あきあきしていやになる
エ　得意に思う
オ　人に自慢《じまん》する
カ　出しぬいて、あっと言わせる

Aの（　）に入る漢字＝
①　②　③　④　⑤　⑥

B①（　）が高い
②（　）をかける
③（　）がない

④（　）が肥える
⑤（　）が回る
⑥（　）に余る
⑦（　）をこらす
⑧（　）をみはる
⑨（　）もくれない

ア　おどろく
イ　かわいがり、めんどうを見る
ウ　とても好きである
エ　じっと見つめる
オ　とてもいそがしい
カ　見向きもしない
キ　ひどすぎて見ていられない
ク　物のよしあしを見分ける力がすぐれている
ケ　いいものを見慣れて、物のよしあしを見分ける力がつく

Bの（　）に入る漢字＝

①	②	③	④	⑤
⑥	⑦	⑧	⑨	

C
① （　）を切る
② （　）を焼く
③ （　）に余る
④ （　）がこむ
⑤ （　）をこまぬく

ア 自分の力では解決できない
イ うまく始末がつけられずに困《こま》る
ウ 細工がこまかい
エ 自分からは何もせずに見すごす

参考
こまぬく
「こまぬく」とは本来「左右の手を胸《むね》の前で組み合わせる、腕《うで》を組む」という意味で、転じて「何もしないで見ている、傍観《ぼうかん》する」という意味にもなります。近年は音が変化して「こまねく」を使うこともあります。辞書にのっていますから、「こまねく」も間違《まちが》いではありません。

オ　関係をたつ

Cの（　）に入る漢字＝

①	
②	
③	
④	
⑤	

D
①（　）が早い
②（　）を洗《あら》う
③（　）が出る
④（　）もとを見る
⑤（　）が棒《ぼう》になる
⑥あげ（　）をとる

ア　相手の言葉じりや言いそこないをとらえてなじる
イ　歩きつかれる
ウ　食べ物がくさりやすい
エ　弱みにつけこむ

オ 予算をこえてしまう

カ 悪いことをやめてまじめになる

Dの（　）に入る漢字＝

①

②

③

④

⑤

⑥

E ①（　）がきく

②（　）が広い

③（　）が立つ

④（　）がつぶれる

⑤（　）に泥《どろ》をぬる

ア 多くの人に知られている

イ 有名であるため、無理が通る

ウ はじをかかせる

エ はじをかく

オ　面目《めんぼく》をつぶさずにすむ

Eの（　）に入る漢字＝
①　　②　　③　　④　　⑤

F
①（　）を持つ
②（　）をならべる
③（　）で風を切る
④（　）の荷がおりる

ア　責任を果たしほっとする
イ　同じくらいの力を持つ
ウ　いばって歩く
エ　味方をする

Fの（　）に入る漢字Ⅱ

①

②

③

④

2 次のことわざ・故事成語《こじせいご》の意味をあとのア～ツから選びましょう。

①どろぼうをとらえてなわをなう
②君子《くんし》あやうきに近寄らず
③門前の小僧《こぞう》習わぬ経《きょう》をよむ
④花より団子《だんご》
⑤難波《なにわ》の葦《あし》は伊勢《いせ》の浜荻《はまおぎ》
⑥光陰《こういん》矢のごとし
⑦泣く子と地頭《じとう》には勝てぬ
⑧類は友を呼《よ》ぶ
⑨虎穴《こけつ》に入らずんば虎子《こじ》を得ず
⑩論語《ろんご》読みの論語知らず

参考

ことわざ

ことわざは、人生の教訓や生活の知恵《ちえ》などを、昔から言いならわされてきた短い語句で、表現したものです。

故事成語

「故事成語」は、中国の古くからの言い伝え（故事）から生まれた言葉です。

⑪過ぎたるは及《およ》ばざるがごとし
⑫ぬすびとの昼寝《ひるね》
⑬鶏口《けいこう》牛後《ぎゅうご》
⑭付《ふ》和雷同《わらいどう》
⑮竜頭《りゅうとう》蛇尾《だび》
⑯呉越同舟《ごえつどうしゅう》
⑰蛍雪《けいせつ》の功《こう》
⑱杞憂《きゆう》

ア 同じ物であっても、地方によって呼び名が変わる。

イ 何でもやりすぎるのは、やり足りないのと同じでよくない。ほどほどが肝心《かんじん》だ。

ウ いくら筋《すじ》の通ったことを言っても通じないから、だまってしたがうしかない。

エ はじめは勢いがよいが、終わりに近づくとふるわなくなること。

オ そのときになってあわてて準備すること。

カ 似た者どうしは自然に集まるものだ。

キ　立派《りっぱ》な人は、ふだんから身をつつしみ、危険《きけん》なこと、危険な場所には近づかないものだ。

ク　ためになる本を読んでも、ただ文字の上で理解するばかりで、実行がともなわないこと。

ケ　月日の経つのは早いものである。

コ　小さな団体のリーダーになる方が、大きな団体の中で人にしたがっているよりもよい。

サ　ふだん見たり聞いたりしているものは、知らず知らずの内に覚えてしまうものだ。

シ　いらぬ心配。とりこし苦労。

ス　苦労しながら学問にはげんだ成果。

セ　仲の悪いものどうしが、共通の利害のために手を結び、助け合うこと。

ソ　危険をおかさなければ成功はおさめられない。

タ　しっかりした考えを持たず、すぐ人に左右されること。

チ　見かけのきれいなものより、実際の利益を重んじること。

ツ　何をするにも、実はそれなりの目的がある。

①	⑦	⑬
②	⑧	⑭
③	⑨	⑮
④	⑩	⑯
⑤	⑪	⑰
⑥	⑫	⑱

第2章 文法

9 文・文型・文の組み立て・主語と述語・修《しゅう》飾《しょく》語と被修飾語

解答 229ページ

1 次の各文の主語と述語を一つずつ一文節で答えましょう。ただし、主語と述語のどちらかがない場合もあるので、そのときは×で答えましょう。各文はあらかじめ文節に分けてあります。

①今日は／弟の／通う／学校で／保護者会が／あるそうだ。
②弟は／祖母が／与《あた》えた／おもちゃで／あきずに／遊ぶ。
③坂を／登りきった／所で、／ゆうこは／たけしと／出会った。
④ほかの／人たちと／同様に／さくらも／兄の／計画には／反対した。
⑤君こそ／わたしに／必要な／人だ。

①主語＝	述語＝

参考

主語・述語

「何が（は）」に当たるのが「主語」、「どうする／どんなだ／なんだ」に当たるのが「述語」です。まず述語を確定してから、対応する主語を探《さが》しましょう。

②主語＝	③主語＝	④主語＝	⑤主語＝
述語＝	述語＝	述語＝	述語＝

⑥あわてて／かけつけた／公園には／すでに／だれも／いない。

⑦周りの／人が／とめるのも／きかず、／彼らが／指定した／場所に／向かって／かけ出した。

⑧近所を／散歩して／いると、／まだ／若《わか》い／母親が／こんなふうに／子供《こども》を／しかるのを／見ました。

⑨美和さんが／おこったのは、／君が／あんな／ことを／言うからだよ。

⑩両親さえ／彼に／救いの／手を／さしのべようとは／しない。

⑥主語＝　　述語＝

⑦主語＝　　述語＝

⑧主語＝　　述語＝

⑨主語＝　　述語＝

⑩主語＝　　述語＝

⑪彼の／料理が／おいしいのは／真心を／こめて／作って／いるからだと／思います。

⑫あたたかい／春の／日だった、／私が／君に／初めて／会ったのは。

⑬あれ、／ゆうと君、／さっきまで／提げて／いた／カバンは？

⑪主語＝　　　　述語＝

⑫主語＝　　　　述語＝

⑬主語＝　　　　述語＝

2 次の①〜⑩の各文は、ア「単文」、イ「重文」、ウ「複文」のうちどれにあたりますか。

①君が焼いたパンはいつもおいしい。

②彼女は夏が好きで、私は夏がきらいだ。

③駅前のパン屋のサンドイッチはとてもおいしい。

④もし明日予定がないなら、いっしょに図書館へ行きませんか。

⑤彼女は母の編んだマフラーがとてもお気に入りだ。

⑥カシミヤのマフラーはとてもあたたかい。

⑦学校近くの公園で子供《こども》たちが野球をしている。

参考

単文・重文・複文

一つの文の中に、主語・述語が一組だけある文が「単文」、二組以上の主語・述語があり、互《たが》いに対等なのが「重文」、二組以上の主語・述語があり、そのうち文の中心になるものと、そうでないものがあるのが「複文」です。

⑤もし明日予定が……

この文は、述語「行きませんか」に対応する主語「あなたは」「君は」が省略されていますが、このように文の中心となる主語・述語のどちらかが省略されている場合は、それを補《おぎな》って、単文・重文・複文を識別して下さい。

⑧私は健太に英語を教え、健太は私に数学を教えた。

⑨先生は私が書いた作文をとてもほめた。

⑩その男はいつもイタリア製の高そうなスーツを着ている。

①	②	③	④	⑤
⑥	⑦	⑧	⑨	⑩

3 次の①～⑪の各文は、ア「何が―どうする」型、イ「何が―どんなだ」型、ウ「何が―何だ」型のうちどれにあたりますか。

①たけるくんのお兄さんはジムのインストラクターです。

②たけるくんのお兄さんはジムのインストラクターをしています。

③君が焼いたパンはいつもおいしい。

④学校近くの公園で子供たちが遊ぶ。

⑤彼の演技はいつ見てもとても自然だ。

⑥メアリーさんがここに来るのはきっと明日だ。

⑦メアリーさんはきっと明日ここへ来るはずだ。
⑧メアリーさんがここに来るのがとても待ち遠しい。
⑨この時期になると夜風が少し冷たい。
⑩もっとそのクッキーを食べたい。
⑪残念ながら計画は失敗だ。

①	②	③	④	⑤	⑥
⑦	⑧	⑨	⑩	⑪	

参考

⑩もっとそのクッキーを……

この文は、述語「食べたい」に対応する主語「私は」が省略されていますが、このように文の中心となる主語・述語のどちらかが省略されている場合は、それを補って、文型を識別して下さい。

10 品詞《ひんし》分類

解答 230ページ

1 次の各文が説明する品詞《ひんし》を、あとのア～コから選びましょう。

①体言《たいげん》と呼《よ》ばれるもので、「は」や「が」とともに主語の文節をつくる。
②活用しない自立語で、独立語の文節をつくる。
③活用しない自立語で、接続語の文節をつくる。

④活用しない自立語で、主に用言《ようげん》を修飾《しゅうしょく》する文節をつくる。
⑤活用しない自立語で、体言を修飾する文節をつくる。
⑥活用のある自立語で、言いきりの形が「い」で終わる。
⑦活用のある自立語で、言いきりの形が「だ」で終わる。
⑧活用のある自立語で、言いきりの形が「ウ段《だん》」で終わる。
⑨単独で文節をつくることができず、活用もない。
⑩活用する付属語で、「断定」「打ち消し」など様々な意味をつけ加える。

ア　動詞　イ　助動詞　ウ　接続詞　エ　連体詞
オ　助詞　カ　名詞　キ　形容詞　ク　感動詞
ケ　形容動詞　コ　副詞

①	②	③	④	⑤
⑥	⑦	⑧	⑨	⑩

2 **次の各組の中で、文法的に性質の異《こと》なるものを一つ選びましょう。**

①**ア** 苦しい **イ** 楽しい **ウ** 悲しむ
エ 喜ばしい **オ** ねむい

②**ア** 正しい **イ** きれい **ウ** 美しい
エ 新しい **オ** すばらしい

③**ア** 幸い **イ** 若《わか》い **ウ** 早い
エ 高い **オ** 重い

④**ア** 待つ **イ** 急ぐ **ウ** 話す
エ ある **オ** ない

⑤**ア** しずむ **イ** うく **ウ** はねる
エ およぎ **オ** うかぶ

⑥**ア** 正解だ **イ** ユニークだ **ウ** 高価だ
エ 単純《たんじゅん》だ **オ** 意外だ

①	②	③	④	⑤	⑥

参考

「～だ」の識別

上記⑥のように、「～だ」が、名詞＋断定の助動詞「だ」なのか、形容動詞なのか、どちらか迷う設問では、次のように対処します。(1)「～は・が」をつけて主語になるなら名詞です。(2)「だ」を「な」に言いかえられれば形容動詞です。

⑦ ア 正確だ　イ 必要だ　ウ 勇かんだ
エ 飛んだ　オ そまつだ
⑧ ア 温度　イ 天気　ウ もっと
エ 時間　オ なっとう
⑨ ア 東京　イ 祭り　ウ 源氏《げんじ》物語
エ 夏目漱石《そうせき》　オ 太平洋
⑩ ア ラグビー　イ スポーツ　ウ 王国
エ 英国《えいこく》　オ 女王
⑪ ア 家族　イ 父　ウ 母
エ ぼく　オ 先生
⑫ ア あの　イ その　ウ あれ
エ この　オ どの

⑦	⑧	⑨	⑩	⑪	⑫

参考

名詞の分類

一つしかないものを指すのが**固有名詞**、複数のものを一つにまとめたのが**一般《いっぱん》名詞**です。例えば「那覇《なは》市立天妃《てんぴ》小学校」は固有名詞ですが、「小学校」は一般名詞です。上記⑨⑩はこの識別が問われています。名詞にはこのほかに、数量や順序を示す**数詞**（「一人」「二頭」「第一号」など）、元の意味が薄《うす》くなった**形式名詞**（「こと」「もの」「ところ」など）、他の名詞の代わりになる**代名詞**（「これ」「それ」「きみ」など）があります。

⑬ア　あらゆる　イ　すっきり　ウ　のろのろ
エ　まるで　オ　いそいそ

⑭ア　とても　イ　たいした　ウ　ちょっと
エ　けっして　オ　少し

⑮ア　病弱な　イ　けなげな　ウ　かれんな
エ　小さな　オ　不幸な

⑯ア　変な　イ　静かな　ウ　奇妙《きみょう》な
エ　不思議な　オ　おかしな

⑰ア　やわらかく　イ　丸く　ウ　大きな
エ　長い　オ　高い

⑱ア　すると　イ　そして　ウ　もし
エ　なぜなら　オ　ところで

⑬	⑭	⑮	⑯	⑰	⑱

参考

「～な」の識別

上記⑮⑯のように、「～な」が形容動詞なのか連体詞なのか迷う場合、「な」を「だ」に言いかえることができれば形容動詞、できなければ連体詞です。

⑲ア　たとえ　イ　たとえば　ウ　また
エ　または　オ　ところが
⑳ア　ようだ　イ　られる　ウ　らしい
エ　する　オ　ます
㉑ア　そうだ　イ　まい　ウ　です
エ　よう　オ　ので
㉒ア　を　イ　から　ウ　か
エ　だ　オ　だけ

⑲	⑳	㉑	㉒

11 助動詞《じょどうし》・助詞

解答 231ページ

1 次の各文の——線部と同じ用法のものを、あとのア〜エから選びましょう。

①教室の中は水を打ったように静まりかえった。

ア　あれほど強く反対していた親父もついに観念したようだ。
イ　彼の話は難《むずか》しくて、外国語を聞いているように感じる。
ウ　君のようにまじめな若者《わかもの》は近ごろ少ない。
エ　野口英世《のぐちひでよ》のようなりっぱな医者になるためには努力が必要です。

②故郷《こきょう》でくらす母の身が案じられる。
ア　この肉は生でも食べられる。
イ　この本は今でもよく読まれる。
ウ　先生は明日発たれる。
エ　京都に来ると昔のことがしのばれる。

③言いたいことを全てはきだして、それで気がしずまったそうだ。
ア　退院《たいいん》は一週間後になるそうだ。
イ　寒くて雪でも降《ふ》りそうだ。
ウ　そうだ、大事なことを忘《わす》れていた。
エ　犬まで何だか悲しそうだ。

参考

①への対応
たとえの助動詞《じょどうし》「ようだ」を選びます。

②への対応
自発の助動詞「られる」を選びます。

③への対応
伝聞の助動詞「そうだ」を選びます。

④人の話をよく聞くのが、彼のとりえだ。
ア　何度も繰《く》り返すことが重要だ。
イ　彼はうっかり犬のしっぽをふんだ。
ウ　大町君は学校で一番の優等生《ゆうとうせい》だ。
エ　まだ誰《だれ》も知らないようだ。

⑤どんなにつらくてもぐちだけはこぼすまいと心に決めた。
ア　こんな機会は二度とあるまい。
イ　娘《むすめ》はもどって来るまい。
ウ　彼もあまり無茶はできまい。
エ　たばこはもう二度と吸《す》うまい。

⑥次々と明らかになる新事実に、人々はおどろきをかくせなかった。
ア　仕事は五時に終わります。
イ　君、先生に呼《よ》ばれていましたよ。
ウ　母の長話に父はうんざりしていた。
エ　友だちがわが家に来る。

⑦父が泣くのを見たのは、そのときが最初で最後だった。

参考

④への対応
断定の助動詞「だ」を選びます。

⑤への対応
打ち消しの意志の助動詞「まい」を選びます。

⑥への対応
原因・理由を示す助詞「に」を選びます。

⑦への対応
名詞「もの・こと」に言いかえられる助詞「の」を選びます。

ア　娘の言うこともっともだ。
イ　父の気持ちは痛《いた》いほどわかる。
ウ　弟だけじゃなく私のも見てよ。
エ　鳥の鳴く声がぱたりとやむ。

⑧夜になると、真知子の熱はさがりはじめた。
ア　私は父の小さな秘密《ひみつ》を見たと思った。
イ　ようこが礼を言うと、守はてれくさそうな顔をした。
ウ　あなたと行くのでなければ、意味がないのです。
エ　あまりたくさん食べると、おなかをこわしますよ。

⑨これほどつらいことが世の中にあろうか。
ア　彼の話を聞いて泣かずにいられようか。
イ　なぜ泣くのですか。
ウ　なるほど、これが彼の実力か。
エ　どこかで聞いたような話だ。

参考

⑧への対応
「～したとき」を示す助詞「と」を選びます。

⑨への対応
反語を示す助詞「か」を選びます。

⑩父は社用で関西を旅行中だ。

ア 地下鉄で大手町まで行く。

イ 地下鉄の車内で友人にでくわす。

ウ 原液を水でうすめる。

エ つまらないことで友情にひびが入る。

①	②	③	④	⑤
⑥	⑦	⑧	⑨	⑩

12 可能動詞《どうし》・自動詞・他動詞

解答 231ページ

1 次の動詞《どうし》をもとにして可能動詞を作りましょう。作れない場合は×で答えましょう。

①行く　②書く　③生きる　④運ぶ　⑤許す

⑥浴びる　⑦だます　⑧負ける　⑨救う　⑩喜ぶ

参考

⑩への対応

原因・理由を示す助詞「で」を選びます。

可能動詞

動詞の中には、可能の助動詞「れる・られる」をともなわずに、その動詞一語だけで「〜できる」という意味を表すものがあります。このような動詞を可能動詞といいます。例えば、動詞「話す」＋可能の助動詞「れる」で「話される」ですが、これを一語で「話せる」とするのが可能動詞です。可能動詞は、中学校で学習する「五段《ごだん》活用」の動詞（「話す」→「話さない」という

①	②
③	④
⑤	⑥
⑦	⑧
⑨	⑩

⑪ 認《みと》める　⑫ 率いる　⑬ 預《あず》かる　⑭ 教える　⑮ 費やす

⑪	⑫
⑬	⑭

ように、後に助動詞「ない」を続けると、直前がア段の音になる動詞）でしか作ることができません。

⑮

2 **次の動詞が自動詞ならば○をつけ、対になる他動詞を答えましょう。また他動詞ならば×をつけ、対になる自動詞を答えましょう。**

①助ける　②集まる　③止まる　④燃える　⑤決まる
⑥こめる　⑦伝える　⑧授ける　⑨増やす　⑩負ける

①	②
③	④
⑤	⑥
⑦	⑧

参考
自動詞・他動詞
自動詞は、「…が～する」という形で主語自身の動作を表します。他動詞は、「(××が) …を～する」という形で、主語の他のものに対する働きかけを表します。

⑪晴れる

⑫生きる

⑬外す

⑭見る

⑮改める

⑮	⑬ ⑭	⑪ ⑫

⑨ ⑩

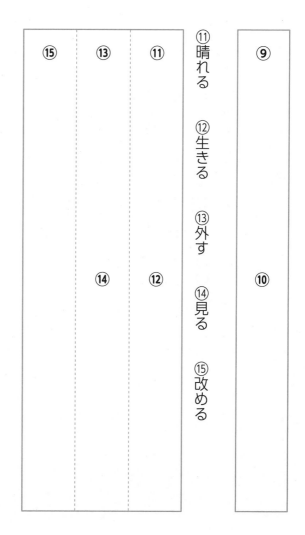

1 次の①～⑤の各文の――線部の語と同じ使い方のものを、それぞれあとのア～エから一つずつ選びましょう。

①雨が降《ふ》りはしないかと心配になった

ア 君とは反対に同情心が強い

イ これは学校だ

ウ 大変なことになりはしまいか

エ このごろはいい調子だ

②犬ながら人間以上に利口だ

ア 走りながら考える

イ 音楽を聴《き》きながらやる

ウ わかっていながらやってしまう

エ 彼女のダンスはさながらプロの実力だ

③明日は雨が降るらしい

ア 中学生らしい人が来る

イ 小鳥はかわいらしい

参考

①への対応
強調の助詞「は」を選びます。

②への対応
「にもかかわらず」を示す助詞「ながら」を選びます。

③への対応
伝聞の助動詞「らしい」を選びます。

ウ　彼は病気らしい
エ　歌らしい歌ではない

④勉強しないと合格はむずかしいぞ
ア　暗くて先が見えない
イ　これはおもしろくない
ウ　品物のないはずはない
エ　この冬は寒くない

⑤花の咲《さ》いた朝顔
ア　昔行った土地が恋《こい》しい
イ　灰色《はいいろ》にくもった空だ
ウ　走って逃《に》げていった
エ　八方、手をつくした

①	②	③	④	⑤

参考

④への対応
打ち消しの助動詞「ない」を選びます。残りは形容詞です。「ぬ」で言いかえられるものは助動詞、言いかえられないものは形容詞です。

⑤への対応
存続《そんぞく》の助動詞「た」を選びます。「ている」「てある」で言いかえられるものが存続の助動詞です。

第3章 古典

14 文学史

解答 232ページ

1 太安万侶《おおのやすまろ》が「いなばの白うさぎ」「海さち・山さち」など多くの日本の神話や伝説を書きしるした書物の名を漢字で書きましょう。

2 『万葉集』の成立した時代と、そこに短歌が収《おさ》められている人物を次のア〜クからそれぞれ選びましょう。

ア 奈良時代　イ 平安時代　ウ 鎌倉《かまくら》時代　エ 江戸《えど》時代

オ 源実朝《みなもとのさねとも》　カ 山上憶良《やまのうえのおくら》　キ 井原西鶴《いはらさいかく》　ク 高浜虚子《たかはまきょし》

参考

古事記《こじき》・日本書紀《にほんしょき》・万葉集《まんようしゅう》

古事記は日本最古の歴史書、日本書紀は日本最初の勅撰《ちょくせん》の（天皇《てんのう》の命令で作られた）歴史書、万葉集は日本最古の歌集です。三つとも奈良時代に完成されたと言われており、合わせて「記紀万葉《ききまんよう》」と呼《よ》ぶことがあります。

時代＝

人物＝

3 源氏《げんじ》物語の作者を、次のア～オから選びましょう。

ア　清少納言《せいしょうなごん》　イ　藤原道長《ふじわらのみちなが》　ウ　紀貫之《きのつらゆき》
エ　紫式部《むらさきしきぶ》　オ　小野小町《おののこまち》

4 次のA、Bの問いに答えましょう。

A　松尾《まつお》芭蕉《ばしょう》は東北へ旅をした時のことを「奥《おく》の細道《ほそみち》」という紀行文に書いた人ですが、その「芭蕉」の句を次のア～エから一つ選びましょう。

ア　春の海ひねもすのたりのたりかな
イ　五月雨《さみだれ》を集めて早し最上川《もがみがわ》
ウ　柿《かき》食へば鐘《かね》がなるなり法隆寺《ほうりゅうじ》

参考
平安時代の文学者たち

小野小町は女性歌人。紀貫之は貴族《きぞく》・歌人で、『土佐《とさ》日記』の作者として有名です。清少納言と紫式部は、ともに宮廷《きゅうてい》につかえながら、清少納言は『枕草子《まくらのそうし》』という随筆《ずいひつ》を、紫式部は『源氏物語』という物語を書き、ふたりはライバルでした。藤原道長は文学者ではなく政治家で、清少納言と紫式部の時代に、権勢《けんせい》を極めました。

エ　雀《すずめ》の子そこのけそこのけお馬が通る

B　松尾芭蕉が生きた江戸時代とはちがう時代に活やくした俳人《はいじん》はだれか、次のア〜ウから一つ選びましょう。

ア　小林一茶《こばやしいっさ》　イ　与謝蕪村《よさぶそん》　ウ　正岡子規《まさおかしき》

5　次の各作品の作者を、あとのア〜オから選びましょう。

①こころ　②舞姫《まいひめ》　③トロッコ　④伊豆《いず》の踊子《おどりこ》

⑤万延《まんえん》元年のフットボール

ア　芥川竜之介《あくたがわりゅうのすけ》　イ　大江健三郎《おおえけんざぶろう》　ウ　森鷗外《もりおうがい》

エ　夏目漱石《なつめそうせき》　オ　川端康成《かわばたやすなり》

参考

有名な俳句

Aのア「春の海……」は**与謝蕪村**、イ「五月雨を……」は**松尾芭蕉**、ウ「柿食えば……」は**正岡子規**、エ「雀の子……」は**小林一茶**の句です。このうち正岡子規は明治時代の俳人、あとの三人は江戸時代の俳人です。

近代の有名作家

森鷗外と**夏目漱石**は、明治時代の二大文豪《ぶんごう》として知られています。**芥川竜之介**は大正時代に活躍《かつやく》。**川端康成**は大正・昭和の作家で、戦後、一九六八年に日本最初のノーベル文学賞を受賞しました。

①

②

③

④

⑤

15 短歌・俳句《はいく》

解答　232ページ

1 次の文章を読んで、あとの問いに答えましょう。

短歌は、［あ］［い］［う］［え］［お］の計三十一音からできています。そのため「三十一文字」と書いて「［か］」ともいわれる、日本独特の表現形式です。日本人は、古くから短歌に深い親しみを持ち、自らの喜びや悲しみ、また、自然の美しさなどを、この短い詩によって表現してきました。今日に至《いた》るまでの間に、実に多くの短歌がよまれ、それらはいろいろな歌集に収《おさ》められています。

なかでも、（①）時代の終わり、八世紀に作られたといわれる（②）、（③）時代のなかごろ、九〇五年に作られたといわれる（④）などは、古い時代の代表的な歌集として現代に受け継《つ》がれています。

大江健三郎は戦後の作家で、一九九四年に日本で二人目のノーベル文学賞を受賞しました。

東《ひむがし》の野にかぎろひの立つ見えてかえりみすれば月かたぶきぬ

この歌は、⑤という人の作った歌で、⑥に収められています。「かぎろひ」とは、あけがたの光のことです。「かたぶきぬ」は、今にもしずみかけようとしているということです。

〈A〉の野原には、あかね色の〈B〉が見えてきた。ふりかえって西の方を見ると、〈C〉が、今にも山に〈D〉、という意味を歌ったものです。たいへん⑦が想像される歌ですね。

秋きぬと目にはさやかに見えねども風の音にぞおどろかれぬる

この歌は、藤原敏行《ふじわらのとしゆき》という人の作った歌で、古今和歌集に収められています。

「〈E〉」とは、「はっきりと」ということです。

ア　夏から秋への変化は、目にははっきりと見えないけれども、ふいて

くる風の音に、秋が来たのだなあと気づかされる、
イ　早く秋が来ればいいのになあと思っていたのに、はっきりと気がついた時には、もう秋になってしまっていた、
ウ　秋がいいなどと、はっきり思ったこともないのだが、やはり、秋風がふくようになると、秋のよさがつくづくと感じられる、
エ　もう秋になったのだなどと、目で見てはっきりとわかるはずがない。ただ、それらしくわかるのは、風の音を聞いた時だけだ、
という意味の歌です。立秋《りっしゅう》のころの（⑧）がよくあらわれていますね。

問一　［あ］～［お］にあてはまる数を漢数字で答えましょう。また、［か］にあてはまるひらがな六字を答えましょう。

あ	い	う	え	お

か

問二 〈A〉～〈E〉にあてはまることばを、短歌または本文中からさがしましょう。解答らんには、答えの字数が書かれています。

A（一字）

B（六字）

C（一字）

D（十二字）

E（四字）

問三 （①）～（⑧）にあてはまることばを次のア～ソから選びましょう。
同じ語を二度使ってもかまいません。

ア 万葉集　イ 平安　ウ 大伴家持《おおとものやかもち》　エ 季節感
オ 夕ぐれの情景　カ 枕草子《まくらのそうし》　キ 奈良　ク 山部赤人《やまべのあかひと》
ケ 期待感　コ うららかな情景　サ 古今《こきん》和歌集
シ 鎌倉　ス 柿本人麻呂《かきのもとのひとまろ》　セ 満足感　ソ 広大な風景

①	②	③	④
⑤	⑥	⑦	⑧

問四 文章中のア～エは、「秋きぬと目には……」の短歌の意味をのべた部分です。最も適当なものを選びましょう。

2 次の文章を読んで、あとの問いに答えましょう。

俳句《はいく》は、短歌の［A］にあたる五・七・五の順の三句、計十七音の［B］です。ただ、中には、一、二音多いとか、逆に少ないとかいうものもありますが、そういった句は数の上では少なく、前者を「字余《あま》り」の句、後者を「字足らず」の句と呼《よ》んでいます。

また、一句の中に季節を表すことばを一語詠《よ》み込《こ》むのが古くからのならわしになっていて、そのため、「季節の詩」ともいわれ、わずか十七音の文字である俳句の表現を効果的にし、味わい深いものにしています。

そのほか、俳句には、意味の切れ目とか作者の感動を表すために、「切れ字」を用いているものがあります。たとえば、次にあげた俳句の「C」「D」「E」などがそれです。

1 五月雨《さみだれ》や　大河を前に　家二軒《けん》

2 梅が香に　障子《しょうじ》ひらけば　月夜かな

3 大ぼたる　ゆらりゆらりと　通りけり

4 雀《すずめ》の子　そこのけそこのけ　お馬が通る

問一　文章中の［A］・［B］にあてはまることばを、次のア～エから選びましょう。

ア　上《かみ》の句　イ　下《しも》の句　ウ　定型詩　エ　自由詩

A

B

問二　［C］～［E］にあてはまることばを、それぞれ俳句からさがして書きぬきましょう。

C

D

E

問三　文章中に、季語（季題）についてのべた一文があります。どの文ですか。句読点をふくむ最初の六字を書きぬきましょう。

問四　1～4の俳句のうち、夏をよんだ句はどれですか。二句選んで番号で答えましょう。また、その句の季語もそれぞれ書きぬきましょう。

番号＝　　季語＝

番号＝　　季語＝

問五　1～4の俳句を比べてみると、4だけが、形式や表現の上で、他の俳句と異《こと》なっていることがわかります。どんな点が異なっていますか。文章中にのべてあることを参考にして、異なっている点を二つ、それぞれ五字以上十字以内で句読点ぬきで書きましょう。

問六　次にあげた情景は、1〜4のどの俳句についての情景ですか。それぞれ番号で答えましょう。

Ａ　かすかな感じにさそわれて、そこに大きな美しさを見つけ、その二つの感覚を組み合わせた情景。

Ｂ　力強く雄大《ゆうだい》な自然と、人間のささやかな生活とが対照されている情景。

A	B

問七　1〜4の俳句は、三つが小林一茶《こばやしいっさ》の句で、一つが与謝蕪村《よさぶそん》の句です。蕪村の句を番号で答えましょう。

参考

芭蕉《ばしょう》・蕪村・一茶の作風

大まかな傾向《けいこう》として言えば、芭蕉の作風は文学的で「わび・さび」（物静かで質素な中に見出される美）の精神を体現したもの。蕪村の作風は色彩《しきさい》感覚が豊かで絵画的。一茶の作風は擬声《ぎせい》語や擬態《ぎたい》語を用いることが多く、庶《しょ》民《みん》的で軽妙《けいみょう》。一茶は、今風にいえば「カワイイもの」に注目しています。それぞれの有名な句は、教養として覚えたいところです。

16 古典芸能

1 次の脚本《きゃくほん》を読んで、あとの問いに答えましょう。

解答 233ページ

A… 彦市《ひこいち》（[B] の名人）・天狗《てんぐ》の子

川のふち。夕暮《ゆうぐ》れ時。一本の大きな楠《くすのき》の木。楠の木の下辺りで「えいッ、えいッ、やッ」と剣術《けんじゅつ》のかけ声がきこえている。釣《つ》りじたくの彦市が出てくる。

彦市　（立ち止まって C独白《どくはく》）ははあ、声はすれども姿《すがた》は見えずか。こら天狗の息子どんにちがいなか。隠《かく》れ蓑《みの》ば着て剣術のけいこばしよンなはるところばい。ふんふん、一ちょおれが得意のうそでだまして、隠れ蓑ば取り上げてくりゅう。D（とつぜん釣りざおを目に当てて騒《さわ》ぎだす）わあ、面白ェ面白ェ。こら何でン見ゆる。こォら面白え。どぎゃん遠か所でン見ゆるばい。ほう、薩摩《さつま》にゃ今火事がありよる。ほう、江戸《えど》にゃ

参考

『彦市ばなし』

『彦市ばなし』は、『夕鶴《ゆうづる》』でおなじみの劇作家《げきさっか》・木下順二《きのしたじゅんじ》が、熊本県の昔話をもとに創作《そうさく》した民話劇です。狂言師《きょうげんし》・野村万之丞《まんのじょう》、野村万作《まんさく》、茂山千之丞《しげやませんのじょう》の出演、武智鉄二《たけちてつじ》の演出により、一九五五年に狂言様式で上演されて以来、狂言の演目として定着しましたので、古典芸能の設問として出題します。

相撲《すもう》がありよるばい。こォら面白か。（いいながらちょいちょい楠の木の下をうかがっている）

かけ声がやむ。

彦市　（しばらく様子を見ているが、また騒ぎだす）ほう、相撲々々。わあ、東が勝った。西が負けた。東勝った西負けた。こら面白ェ。

楠の木の下から声がする。

声　彦市どん、そら何な？

彦市　（びっくりしてみせて）へ？　だ、誰《だれ》だろうか？　声ばっかりして姿は見えんが……

声　わたいたい。竜峰山《たつみねやま》の天狗の息子たい。ちっと見せてはいよ。

彦市　ははあ、天狗どんの息子どんな？　そらァそらァ……こらァ H天竺渡《てんじくわた》りの千里《せんり》見通しの遠眼鏡《とおめがね》たい。ばってん貴方《ああた》は全体何処《どけ》ェおンなはっとかな？

声　ここたい。

彦市　へ？　どこだろか？

［1］　(いらいらして) ここたい。いま隠れ蓑ば着とるもんだけん見えんとたい。

彦市　ははあ、隠れ蓑。そらまた珍《めずら》しかもんば着とンなはるな。うん、そらァ貸してンよかばってん、姿ば見せんなら貸されんたい。

I天狗の子が姿を現す。

［2］　さあ、貸してはいよ。

彦市　ありゃ、其処《そけ》ェおったつかな？　Jうん、そらァ、貸してンよかばってんなあ……ほ、こんだ西が勝ったばい。わあ、西

参考

文中に出てくることば

遠眼鏡《とおめがね》＝望遠鏡の古い呼《よ》び方。

勝った東負けた。

天狗の子　貸してはいよ、なあ、貸してェ。

彦市　うん。ばってん、この遠眼鏡は、おれが大事大切の宝《たから》もんだけんなあ。

天狗の子　よかたい、ちっとなら。なあ。なあ。なあ。

彦市　あっはっは、そぎゃん見たかかな？　なら……その隠れ蓑と引き替《か》えで貸そうか？

天狗の子　え？　隠れ蓑？　……そらァいかん。こら大切なもんだけん誰にも貸しちゃならんて、おとっちゃんにいわれとるもん。

彦市　わあ、こんどまた東が勝ったばい。わあ面白ェ。さあ、こんだどっちが勝つかな。

天狗の子　見せてェ。彦市どん見せてェ。

彦市　隠れ蓑ば貸さにゃ。

天狗の子　うん……すんなら、ちっとの間ばい。

[3]　すんなら貸そうたい。（釣りざおと隠れ蓑を取り替える）

天狗の子　ちっとの間ばい。大切に持っといてはいよ。……こらァ……はァ、こらなんも見えん。……こらどぎゃんして見ッとな？……はあ、なんも見えんたい。……彦市どん……彦市どん……こらどぎゃんして……なあ彦市どん……あれ？　彦市どん、何処ェ行ったつな？　彦市どん……はれ、おらん。どぎゃんしゅうかい？　彦市どん……彦市どォん。こらどぎゃんしゅうかい？　彦市どォん。彦市どォん。

［4］　天狗どん、そら貴方が馴《な》れんけんたい。馴れれば何でンよう見ゆる。

天狗の子　あれ、貴方は隠れ蓑ば着てしもたつな？

彦市の声　なあ、隠れ蓑も大切だろばってん、この遠眼鏡もおれが大事大切の宝もんだけん、どうだろうか？　いっちょ取り替えちゅう事にしゅうじゃなかかな？

天狗の子　（びっくりして）そ、そらァいかん、そォらいかん彦市どん。おとっちゃんに怒《おこ》らるる。

彦市の声　まあよかたい。その遠眼鏡と引き替えなら、おとっつァんも怒りはしなはらん。

天狗の子　（泣き声で）いかんいかん、そらいかん。こらなんも見えやせん。こらァただの釣りざおたい。なあ、返して、なあ。

彦市の声　……

天狗の子　なあ、返して。返せ。返さんか？　返さんかちゅうに。……出てこんな。……ようし、おとっちゃんにいいつくるぞ。……うふん、よか。よか。いいつけてやるけんよか。見とれ。いんま見とれ……（［K］）

［5］

（姿を現して）あっはっは。天狗のくせして弱虫が、泣きべそかいて行きよった。あっはっは。さあよか物《もん》ば手に入れたぞ。こらいっちょこの隠れ蓑で、あしたからあっちゃこっちゃ、好きな事ばして歩こうばい。酒だろうと饅頭《まんじゅう》だろうと、姿が見えんならただで飲み放界《ほうかい》の食い放界。こらありがてァ。おらァやっぱり、評判にたがわんうそつきの大名人ばい。あっはっは。

（木下順二《きのしたじゅんじ》『彦市《ひこいち》ばなし』より）

参考

木下順二（きのした・じゅんじ）

一九一四〜二〇〇六　劇《げき》作家《さっか》。第二次大戦後、明治維新《いしん》を描《えが》いた『風浪《ふうろう》』を発表し、岸田《きしだ》演劇賞《しょう》を受賞。また『彦市ばなし』、『夕鶴《ゆうづる》』などの民話劇や、『山脈《やまなみ》』、『暗い火花』、『蛙《かえる》昇天《しょうてん》』などの重厚な現代劇を手がける。女優《じょゆう》・山《やま》本安英《もとやすえ》とともに劇団「ぶどうの会」を指導し、レパートリーである『夕鶴』の上演は千回を超《こ》えた。

問一　Aはこの劇《げき》に出てくる人たちです。この人たちをふつう何といいますか。漢字四字で答えましょう。

問二　[B]に入れるのにふさわしい言葉を、脚本中よりひらがな四字で書きぬきましょう。

問三　――線部C「独白」の意味を、下の「せりふ」をよく読んで、ひらがな五字で答えましょう。

問四　――線部D、Eの部分は、脚本では何と呼ばれていますか。三字で答えましょう。

問五　――線部Fは、何の「様子」を見ているのですか。次のア～エから一つ選びましょう。

ア　木の下の様子　　イ　あたりの様子
ウ　江戸の様子　　エ　相撲の様子

問六　――線部Gは、誰に対して「びっくりしてみせて」いるのですか。次のア～ウから一つ選びましょう。

ア　観客　　イ　声の主　　ウ　自分自身

問七　――線部Hと言っているものは本当は何ですか。脚本中より四字で書きぬきましょう。

問八　――線部I「姿を現す」とありますが、その場所はどこですか。脚本中の五字で答えましょう。

問九　――線部Jをせりふとして言う場合、どのように言えばよいでしょうか。次のア～エから一つ選びましょう。

ア　おこったように言う

イ　いかにもばかにしたように言う
ウ　さも残念そうに言う
エ　もったいをつけたように言う

問十　【K】にふさわしいものを、次のア～ウから一つ選びましょう。
ア　こしを抜《ぬ》かしてしゃがみこむ
イ　泣きながら去る
ウ　怒って大声でさけぶ

参考
もったいをつける
ことさらに重々しい態度をとる、もったいぶる、という意味。

問十一　【1】～【5】には、それぞれ次のア～エのどれを入れたらよいですか。

ア　彦市　イ　天狗の子　ウ　声　エ　彦市の声

【1】　【2】　【3】　【4】　【5】

問十二　この場面全体の内容を、一文でまとめましょう。ただし、「彦市」「天狗の子」「隠れ蓑」という言葉を、この順序で必ず使ってください。

参考

『彦市ばなし』の続き

このあと、隠れ蓑を取り返そうとする天狗の子と、さらに悪さを重ねて隠れ蓑を手元に置こうとする彦市のバトルが展開《てんかい》します。興味がある人は、木下順二『夕鶴・彦市ばなし』（岩波文庫）が入手しやすいので、ぜひ続きを読んでみて下さい。

第4章 説明的文章

17 説明的文章（1）

解答 234ページ

説明的文章は、ある事実について調査・分析《ぶんせき》・研究した内容を報告・説明・解釈《かいしゃく》するもの（説明文、報告文、報道文、学術論文《ろんぶん》など）と、調査・分析・研究した事実を踏《ふ》まえて、自分なりの意見を述べるもの（論説文など）に分かれます。本書は、前者を**分析型**、後者を**意見型**と呼《よ》びます。ではまず、**意見型**の文章を二つ読んでみましょう。

参考
文中に出てくることば
冠たる＝一番すぐれている様子。

1 次の文章を読んで、あとの問いに答えましょう。

[1] ①わが国民の薬品好きは世界に冠《かん》たるものであろう。ヴィタミン薬はとりわけ普及《ふきゅう》度が高いようだ。ヴィタミンはもちろんわれわれに

必要であるが、なかにはザラザラと総合ヴィタミン薬をのどから流しこみ、これで栄養は満点、と思っている人がある。

2　人体の栄養として欠けてはならぬのは、タンパク質、含水《がんすい》炭素、脂肪《しぼう》、無機塩類であることは誰《だれ》でも知っている。ところが、こうした栄養素を十分とっても、人体はある種の病気になることがわかってきた。②それがヴィタミンである。

3　しかし、その発見史は(ア)イガイに近年のことに属する。

4　もっとも病気自体のほうは、古くから知られていた。近代医の(イ)ガンソというべきヒポクラテスは、のちに壊血《かいけつ》病とよばれるようになった病気について記している。

5　長い(ウ)コウカイにでた水夫が③これにやられる。十字軍の兵士もこれに悩《なや》まされた。むかしからこの病気について知られてはいたが、それが④どういう原因によって起こるのかわからなかった。

6　しかし、次第に経験がその予防を教えてくれた。新鮮《しんせん》な野菜をとっていれば、壊血病にかからないですむのである。とりわけリンドという医者がレモンによってこの病気を防ぐ実験をした。リンド

参考

文中に出てくることば

含水炭素＝炭水化物。

壊血病＝ビタミンCの欠乏《けつぼう》によって起こる病気。出血、貧血、歩行困難《こんなん》といった症状《しょうじょう》をともなう。

ヒポクラテス

前四六〇ごろ〜前三七〇ごろ　古代ギリシャの医師。迷信や呪術《じゅじゅつ》をしりぞけ、観察と経験を重んじ、科学的医学の基礎《きそ》を築いた。医学の父と呼ばれる。

の説をとりいれたキャプテン・クックは、はじめてその探検《たんけん》に学問的な意義をもたせた偉大《いだい》な先駆者《せんくしゃ》であると共に、彼の船隊から壊血病患者《かんじゃ》をほとんど出さなかった点からも、カッキ（エ）的な成功をおさめた。

7 以来イギリス船は、ライムの果実をつんで七つの海をのし歩いたことから、英国の船乗り、ひいては英国人全体まで、ライム・ジューサーという名を冠せられた。といって、ヴィタミンCの結《けっ》晶《しょう》が純粋《じゅんすい》に分離《ぶんり》されたのは、一九三二年のことである。

8 ようやく二十世紀のはじめ、学者はまだこんなふうにいっていた。「牛乳《ぎゅうにゅう》の中にはまだ知られていない物質があり、それはたとえ微量《びりょう》でも栄養に絶対必要なものである。この物質は牛乳だけでなく、動植物質のすべての食物中にもあることは疑《うたが》うヨチ（オ）がない」

9 一九一一年、ポーランドの学者カシミール・フンクは、この物質にはじめてヴィタミンと名をつけた。これは生命を意味するヴィタとアミンをくっつけたもので、フンクは、この物質はアミンの一種だと考えたからである。

参考

ジェームズ・クック

一七二八〜一七七九　英国の軍人・探検家。通称《つうしょう》キャプテン＝クック。一七六八年からの三回の世界周航で太平洋東回り航路を開拓《かいたく》し、ニュージーランド・オーストラリア・南太平洋諸島《しょとう》・南極圏《けん》・ベーリング海峡《かいきょう》などを踏査《とうさ》。英国の太平洋方面進出の基礎《きそ》を築いた。

文中に出てくることば

微量＝ごくわずかの量。

アミン＝アンモニアからできる化合物。

10 今ではヴィタミンは大はやりで、次から次へと新しい種類が登場する。むかしの医学生はせいぜい数種のヴィタミンについて暗記すればよかった。ところが近ごろは、ヴィタミンBといっても、B1もあればB2、B6、B12というふうにわかれている。⑤たまったものではない。

11 これを使用する家庭のほうからいっても、どうしても十何種という成分がずらりと並《なら》んでいるほうをありがたがる。「こっちは十、こっちは十三種含有《がんゆう》か。じゃ、こっちの多い方をもらおう」ということになる。

12 しかし、そんなにザワザワとあるヴィタミンのうちの大部分は、普通《ふつう》の食物中に含《ふく》まれていて、特殊《とくしゅ》の病気でもないかぎり、不足することは滅多《めった》にない。それより肝心《かんじん》なのは、ヴィタミンはあくまで潤滑油《じゅんかつゆ》のようなもので、ガソリンにあたる栄養をとっていなければ、いくらヴィタミンだけをとっても⑥本末転倒《ほんまつてんとう》ということだ。どうも私たちは⑦乱雑《らんざつ》に薬を飲みすぎるのではないか。

参考

文中に出てくることば

潤滑油＝ものごとが順調に運ばれる仲立ちとなるもの。

（北杜夫《きたもりお》『どくとるマンボウ小辞典』より）

問一 ――線部ア～オのカタカナを漢字に直しましょう。

ア	イ	ウ
エ	オ	

問二 ――線部①「わが国民の薬品好きは世界に冠たるものであろう」という一文には筆者のどのような心情がこめられていますか。最も適当なものを、次のア～カから選びましょう。

ア　少しほこりに思っている
イ　とても感心している
ウ　少しびっくりしている
エ　とてもじまんに思っている

参考

北杜夫（きた・もりお）
一九二七～二〇一一　小説家・精神科医。歌人・斎《さい》藤茂吉《とうもきち》の次男。船医の体験をユーモラスに描《えが》いた『どくとるマンボウ航海記』がベストセラーとなり、この『どくとるマンボウ』シリーズで多くのファンを獲得《かくとく》。『夜と霧《きり》の隅《すみ》で』で芥川《あくたがわ》賞、『楡家《にれけ》の人びと』で毎日出版文化賞、『青年茂吉』以下の茂吉評伝四部作で大仏次《おさらぎじ》郎《ろう》賞を受賞。

オ　少しあきれている
カ　とても不愉快《ふゆかい》に思っている

問三　――線部②「それがヴィタミンである」の前に、次のような一文を入れなければ文意が通りません。［　］の中に入れるのに適当なことばを考え、二十字程度《ていど》で答えましょう。

すなわち［　（二十字程度）　］がある、ということである。

問四　――線部③「これ」とは何ですか。本文中からぬき出しましょう。

問五　――線部④「どういう原因によって起こるのか」とありますが、その原因は何であると解明されましたか。十字以内で答えましょう。

問六　――線部⑤「たまったものではない」とありますが、だれにとって、どうしてたまったものではないのですか。次の［　A　］と［　B　］に入れるのに適当なことばをそれぞれ答えましょう。

［　A　］にとって、［　B　］から

A＝

B＝

問七　――線部⑥「本末転倒」とありますが、この場合の「本」とは何で、「末」とは何ですか。

本＝

末＝

問八　――線部⑦「乱雑に薬を飲みすぎる」とありますが、「乱雑に薬を飲む」姿勢《しせい》を、本文の別のところではどのように表現していますか。その部分を二十五字以内でぬき出しましょう。

参考

本末転倒
根本的なこととささいなことをとりちがえる、という意味の四字熟語《じゅくご》。

ぬき出し問題への対応
問八のような語句をぬき出す問題は、まず、その語句がどの段落《だんらく》にありそうか、見当をつける必要があります。そのために必要なのは意味段落分けです。課題文を読んだらすぐに意味段落分けする習慣をつけることをおすすめします。ぬき出す部分のある意味段落ないし形式段落が判明したら、条件（字数や文末の形）に合う語句を探《さが》します。

2 次の文章を読んで、あとの問いに答えましょう。

1 ①狼《おおかみ》と少年の話は有名である。狼が来たという少年のことばが嘘《うそ》であることを村人たちが悟《さと》るまでに、少年は何度も同じ嘘を言わなくてはならなかったというのは興味あることである。一度や二度では嘘は嘘として承認《しょうにん》されない。本当と混同されて面倒《めんどう》をおこす。実際に狼が来たのだと思って逃《に》げ出したのである。何回もだまされたあげく、村人たちはやっとこの少年の言う狼は現実と無関係であることを知る。そこではじめて、現実の裏付《うらづ》けのないことばの存在《そんざい》が承認されるのだが、それと同時に、嘘がいわゆる嘘としての機能を失ってしまうのが面白い。だれも本当にしなくなったのである。これでは少年の感じていた嘘を言う面白さは消滅《しょうめつ》してしまうであろう。そのあと、本当に狼が来たとき、少年がいくら叫《さけ》んでも人々は信用しなかったために、ひどい目にあったというのはまことに皮肉である。

2 この話は②実《じつ》のことばと③虚《きょ》のことばの転換《てんかん》が実生活において案外困《こん》難《なん》であることを物語ってもいるように思われる。単純《たんじゅん》に嘘を戒《いまし》めると解するのではすこし芸がなさすぎる。嘘を言うのもなかなか容易でないことを暗示しているとしてみると、なかなか味わいがある。

3 文学作品の中の人物を読者はとかく現実の人間と結びつけたがる。虚のことばをかんたんに実のことばと等しいものと考える態度がはたらいている。④狼が来たと言った少年は人をだましたといって非難されたが、いもしない人間をいかにも生き生きと描《えが》き出す作家は芸術家として尊敬《そんけい》を受ける。

4 ⑤こういう創作《そうさく》の様式が確立すると、それを利用して、現実性を高めるために、わざとモデルがわかるような書き方をする作者があら

参考

文中に出てくることば

「虚」と「実」＝「虚」は「うつろ」ともいい、中身のないこと、うそ。「実」は中身のあること、本当。

戒める＝してはいけないと命じる。まちがいをしないように教えさとす。

われてくる。これは狼を連れてきて狼が来たよ、と叫んでいるようなものである。正直だといえば正直かもしれないが、そういう「真実」は退屈《たいくつ》な現実と同じことであろう。虚のことばが弱体化すると、こういう正直さが珍重《ちんちょう》されるようになる。⑥そうしたリアリズムが面白いはずがないから、芸術は長い間リアリズムを同伴《どうはん》しているわけにはいかない。

5 冗談《じょうだん》くらいと言うが、冗談が言えるのも、それを理解するのも、大げさに考えるならば、現実を超克《ちょうこく》する想像力がわれわれにそなわっているからである。現実の裏付けのないことばや、想念の世界を欠いた文化は考えられない。

6 想像力とか、創造とかいうものも、根元においては、嘘のことばの活動である。文化とはそういう嘘の世界に咲《さ》いた花にほかならない。こういうことは、近年のように、写真、テレビ、テープレコーダー、ビデオテープ、ステレオレコードなど、模写《もしゃ》や複製の技術が目ざましく発達して、これまで以上に、あるがままを再現することが容易になってきて、はじめてはっきりしたとも言える。

参考

文中に出てくることば

珍重＝めずらしいので大切に扱《あつか》われること。

リアリズム＝空想や理想を排《はい》し、人間や事物をありのままに写そうとする、文学・芸術における創作の方法論《ろん》。

超克＝のりこえて進むこと。

7 あるがままということが尊重《そんちょう》されているのは、再生再現の技術が、言語とか絵画、彫刻《ちょうこく》といったものしかなく、きわめて不完全であった時代の価値観《かちかん》をいまだに引きついでいるのである。現在では、再生、再現はずっと容易になった。しかも、それは機械の力によって行われる。

8 再現能力において、人間のことばなどは機械にとうていかなわないことはすでにはっきりしている。そんなところで機械と競争しても人間に勝ち目はない。ことばについても、これまでのように、対象の忠実《ちゅうじつ》なコピーをつくることを理想とするような考え方を再検討《さいけんとう》する必要が出てきているはずである。

9 どうしたらよいかという方向は明らかである。機械にはどうしてもできない、⑦すぐれて人間的なことばの面にこれまで以上注目することである。嘘をつくことのできる人間の能力、ことばのためにことばを使う機能を積極的に開発するのである。

10 低次元の嘘は社会的に混乱《こんらん》を生ずるだけであるから奨励《しょうれい》するわけにはいかないが、それをおそれるあまり、高度の文化的意義をも

参考

文中に出てくることば

奨励＝どんどんやれとすすめること。

つ嘘まで、その［A］の根をとめてしまおうとすることは、文化の崩壊《ほうかい》を（ア）ショウライしかねない愚《おろ》かなことである点を反省してみるべきときに到達《とうたつ》している。近年、ことばに対する（イ）カンシンが社会の全《ぜん》般《ぱん》にわたって見られるのは、現代社会が新しい言語文化の（ウ）カンテンに立脚《りっきゃく》しなくてはならぬことを暗示していると言えないであろうか。

（外山滋比古《とやましげひこ》『かたりべ文化』より）

問一 ――線部①「狼と少年の話」はだれが書いた話とされていますか。作者とされる人を答えましょう。

問二 「狼と少年の話」に対して、筆者が自分の考えを述べているのはどの段落《だんらく》ですか。段落番号で答えましょう。

問三 ――線部②・③の語をいいかえている部分を文中からさがし、②は

参考

外山滋比古（とやま・しげひこ）

一九二三〜二〇二〇 英文学者・評論家《ひょうろんか》。専門の英文学のほか、日本語論など幅広《はばひろ》い分野で活躍。著書《ちょしょ》『思考の整理学』はロングセラーとなり、今も読み継《つ》がれている。

九字で、③は十二字でそれぞれぬき出しましょう。

②	③

問四　――線部④の「少年」が非難され、「作家」が尊敬を受けるのは、それぞれの嘘の性質がどのように違《ちが》うからですか。本文中のことばを用いて四十字以内で答えましょう。

問五　――線部⑤「こういう創作の様式」とありますが、これがさしている部分を、解答らんに合うように文中からぬき出しましょう。

様式

問六　――線部⑥「そうしたリアリズムが面白いはずがない」とありますが、それはどうしてですか。「から。」につながるように、2段落から七字でぬき出しましょう。

7

から。

問七　――線部⑦「すぐれて人間的なことばの面」とありますが、それは具体的にどういうことを言っているのですか。文中のことばを十字以内でぬき出しましょう。

問八　[A]に入る適当な漢字を次のア～オから選びましょう。

ア　歯　イ　口　ウ　舌《した》　エ　息　オ　鼻

問九　――線部ア～ウのカタカナをそれぞれ漢字に直しましょう。

ア

イ

ウ

問十　筆者の主張が最もはっきり書かれているのは何段落目ですか。段落番号で答えましょう。

参考

問十への対応

意味段落分けをしたうえで検討《けんとう》してみましょう。

解答 238ページ

では次に、**分析型**《ぶんせき》の説明的文章を読んでみましょう。説明的文章は、分析型であれ意見型であれ、「〜とは何か?」「〜のはなぜか?」「〜にはどうすべきか?」といった**「問い」**に**「答え」**を出そうとするもので、そこに必ず**「根拠」**《こんきょ》を伴います。ただし、この「問い」は明示されるとは限りませんので、自分なりに**文章から「問い」を引き出す**練習が必要です。

1 次の文章を読んで、あとの問いに答えましょう。

1 わたしは、いまでも中学校の先生になったときのことを、とても［ A ］深くおぼえています。その思い出のひとつに、本や弁当などを、いつも「風呂敷《ふろしき》」で包んで、通っていたことがあります。まわりの先生はみな立派《りっぱ》な皮のかばんでしたが、①わたしには、とても手軽な「風呂敷」が便利だったのです。

2 そして、こんど道具のことを調べているとき、「風呂敷」は「ものを包む」道具として、なんとすばらしいことかと強く思うようになりました。

3 石器から始まった人間がつくった道具は、みなわたしたちの手や足の付属物として働きました。わたしは、世の中にあるもので、最も効率的で、しかも、最も簡単《かんたん》な形のものといったら、わたしたち人間の「 B 」だと思います。

4 いまのわたしたちは、複雑な「機械」をすっかり見慣れてしまったせいか、複雑なものほど高級だといった感じ方を、していないでしょうか。わたしは、このような感じ方に対して、大いに疑問《ぎもん》をもっています。簡単で、なんでもやりとげられる道具や機械こそが、じつは、最もすぐれているのだと思うのです。いまの機械や道具が、複雑で大きいのは、まだ完成されたものではないからだと思います。理想とする機械や道具の最高のお手本は、人間の「 B 」だと思います。②そうした考え方で道具を見てみると、「風呂敷」には「これだ」と思うものがあります。

5 いまのわたしたちは、使用する目的にあわせて、いろいろのかばんを使っています。かばん屋にいってみると、大小たくさんの種類のかばんが陳列《ちんれつ》してあります。それぞれに工夫がこらしてあるので、便利そうでほしくなりますが、もしそうしようとしたら、いくつもかばんを買わなくてはなりません。

6 これに対して、ただ一枚《まい》の正方形の布きれである「風呂敷」は、大きいものでも小さいものでも、伸縮《しんしゅく》自在にひとつにまとめて、包むことができます。

7 「風呂敷」で、だれもが変だと思うのが、その名前ですが、「風呂敷」という名前が本などに出てくるのは、江戸《えど》時代の中ごろだといいます。それ以前には、「ひらづつみ」とよんでいたということです。

8 江戸時代に、産業や文化がとても発展した元禄《げんろく》という時代のころから、江戸の町では、銭湯《せんとう》がさかんになりました。人々は、「ひらづつみ」をもって銭湯に出かけ、ぬいだ衣服をそれに包んだり、床《ゆか》にしいたり、いろいろに使いました。つまり、便利だったのです。「ひらづつみ」は、そうした江戸の人々のくらしぶりをあらわして、「風呂敷」とよばれるようになったのだといいます。

参考

文中に出てくることば

銭湯＝公衆《こうしゅう》浴場。人々がお金を払《はら》って入浴する共同の浴場。

9 「風呂敷」のことといっしょに、わたしの頭には、「手ぬぐい」のこともうかんできます。国語辞典を見ますと、「手ぬぐい」とは、入浴、洗面《せんめん》などで、ぬれた手や顔、からだなどをぬぐうときに用いる布と書いてあります。それならば、いまのみなさんは、「手ぬぐい」でなく「タオル」だというはずです。

10 「タオル」のことを、むかしは「西洋手ぬぐい」とよんだこともあります。そしていまは、同じ木綿で作られていても、小さい輪がたくさんならんで織ってあるものを「タオル」とよんで、日本の「手ぬぐい」と区別しています。お風呂や洗面には、たしかに「タオル」の方が気持ちよく使うことができます。しかし、「タオル」では、はちまきはできません。ひものようにしばったりするときも、たいへん不便です。「手ぬぐい」の大きさは、いまは長さ七〇センチメートル、幅《はば》三〇センチメートルくらいですが、一〇〇〇年くらい前の平安時代には、長さ九尺《しゃく》（約二・七メートル）もある大手ぬぐいから、いまの大きさの小手ぬぐいまで、大小何種類も使用されていたということです。

11 使い方も、からだをふくことから、頭にかぶったり、帯のかわりに使ったり、じつに様々に使っていたようです。たとえば、「手ぬぐい」のかぶり方ひとつで、どんな仕事をしている人かもわかります。

12 風呂敷や手ぬぐいのように、じつに簡単な一枚のものを、くらしの中で、様々に使い分ける知恵《ちえ》は、道具を使いこなすくらしの知恵だと思います。わたしは、もうひとつ、食事のときの「はし」も、そうした道具のひとつだと思います。

13 洋食を食べるとき、たくさんのフォークやナイフがテーブルにならびますが、慣れない人は、見ただけでうろたえてしまいます。わたしたち日本人は、「はし」ひとつあれば、洋食だって和食だって、きちんと食べることができます。なぜ、あんなにたくさんの道具を使わなくてはいけないのか、本当に不思議に思ってしまいます。同時に、日本人もまた、なぜ「はし」ひとつだけで食事をしてきたか、このことも不思議になってきます。

14 それにくわえて、わたしはもうひとつ、別のことを考えるのです。みなさんは、自分の「はし」をもっているでしょう。他人の「はし」で食べたりすることは、ありません。これは、「風呂敷」や「手ぬぐい」にもあてはまります。だから、強い〔　C　〕があります。ところが、フォークやナイフは、これが「自分のもの」といった区別がありません。

15 あらためて考えてみると、同じ人間でありながら、西洋の人とわたしたち日本人と、道具に対して、なぜこんなにちがうのか、とてもおもしろい気がします。

（大竹三郎《おおたけさぶろう》『道具をつかう』より）

参考

大竹三郎（おおたけ・さぶろう）

一九二八～　化学者、科学読物作家。『黒つちがもえた』でサンケイ児童出版文化賞、『ふしぎないろみず』で日本科学読物賞受賞。教育関係では、小・中・高校の新しい理科実験と、その方法の開発に貢献《こうけん》した。

問一　〔　A　〕〔　C　〕に入る語として、それぞれ最も適当なものを次のア～カから一つずつ選びましょう。

ア 因縁《いんねん》　**イ** 印象　**ウ** 感動　**エ** 執念《しゅうねん》　**オ** 愛着

カ 自信

A	C

問二 ――線部① 「わたしには、とても手軽な「風呂敷」が便利だったのです」とありますが、筆者の考えでは、風呂敷はなぜ「便利」なのですか。本文の言葉を用いて、理由を二つ答えましょう。

問三　「　B　」に入る語を漢字一字で答えましょう。

問四　――線部②「そうした考え方」とありますが、どのような考え方ですか。それを最もよく表している一文を本文からさがし、その最初と最後の五文字をぬき出しましょう。句読点も一字に数えます。

最初＝　　　　最後＝

問五　――線部③「うろたえて」と同じ意味になる表現を、次のア～エから一つ選びましょう。

ア　あわてて　　イ　うろうろして　　ウ　いやになって

エ　わからなくなって

問六　次の文章が本文中のどこかに入ります。この文章が入るべき場所をさがし、その直後の文の最初の五字を書きぬきましょう。

この名前の方が、その働きをよく表して、わたしは好きです。「なるほどなあ。」と思います。

問七　「風呂敷」「手ぬぐい」「はし」の三つに共通する道具としての特徴《とくちょう》を二十字以内で述べましょう。

参考

脱文《だつぶん》補充《ほじゅう》問題への対応

脱文中の指示語、接続語、キーワードを手がかりとして、あてはまる箇所《かしょ》を探《さが》します。見つかったら、脱文をあてはめて、直前直後の文章のつながりにおかしなところがないか、チェックします。この問六の脱文は「この名前の方が」で始まりますので、複数の呼《よ》び名があるものについて触《ふ》れていることがわかります。となるとここでは、「風呂敷」「ひらづつみ」でしょう。あとは「その働きをよく表して」いるのがどちらかを考えて下さい。

2 次の文章を読んで、あとの問いに答えましょう。

1 長く日本人にハチミツを提供《ていきょう》してきた日本在来のニホンミツバチは、おなじみの黄色っぽい色のミツバチとはちがい、黒っぽい色をしています。黄色っぽいほうのミツバチは、明治九年（一八七六）に欧米《おうべい》から導入したセイヨウミツバチという種類で、今やミツバチといえばこれ（ア）を指すくらいに、日本の養蜂《ようほう》の主力を占めています。

2 さすがに「西洋」と「日本」では、養蜂の歴史も家畜化《かちく》の度合いもちがっていました。ニホンミツバチは、山から採ってきたものをそのまま飼って利用していましたが、そのため、野生の性質を強く残し、巣の中にある程度の蜜《みつ》をためると蜜集めに熱心でなくなってしまいます。これに対し、セイヨウミツバチは、長い年月をかけて蜜集めの能力を高めるように改良され、また、繁殖《はんしょく》力や、よそに逃《に》げ出さない定着性など、どれをとっても「家畜昆虫《かちくこんちゅう》」として数《すう》段《だん》まさっていました。

問七への対応

「風呂敷」「手ぬぐい」「はし」が三つとも登場する段落《だんらく》を、解答の根拠《こんきょ》としましょう。「特徴」を聞かれていますので、体言止《たいげんど》めで答えましょう。

参考

文中に出てくることば

養蜂＝蜂《はち》を飼って、蜜をとること。

繁殖＝子孫を増やすこと。

3 ①ニホンミツバチはこのまま消滅《しょうめつ》に向かう運命にあるのでしょうか。

4 ミツバチはかつては食用としてのハチミツの生産のほかに、巣のハチロウもロウソクなどに利用されてきましたが、最近では女王の食物であるローヤルゼリーが栄養剤《ざい》として脚光《きゃっこう》を浴びてきています。また、知らず知らずのうちに果たしてきた大きな役目が農作物の花粉媒介《ばいかい》です。

5 近年、自然界ではこのような受粉昆虫が急減し、果樹《かじゅ》園などの開花期にミツバチを巣箱ごと貸し出す「貸しバチ業」が養蜂業者の新たな副業としてさかんになってきました。蜜を売る本業よりも、イこちらの方が高い収入《しゅうにゅう》をあげているケースまで少なくないようです。また、働きバチが五〇〇〇匹《びき》前後の女王のいない使い捨《す》ての巣を、ハウス栽培《さいばい》のイチゴやメロンの受粉用に売るメーカーまで現れました。そして、これらのミツバチもすべてがセイヨウミツバチです。

6 しかし、ニホンミツバチは、蜜集めの能力こそ劣《おと》っていても、低温でも活動できるというすぐれた特性を持っています。とくに、セ

参考

文中に出てくることば

脚光を浴びて＝注目を集めて。

花粉媒介＝花粉を運んで、受粉を助けること。

イヨウミツバチの働けない低温期に開花するウメやスモモやアンズの受粉にはぜひ活動してもらいたいハチです。事実、ウメの主産地の和歌山県では、ニホンミツバチの利用の試みがされはじめているといいます。またニホンミツバチの絶滅《ぜつめつ》を心配する人たちによって、その研究会や保存《ほぞん》会が結成されるようになり、②人為《じんい》的に追いやられたこのハチにもようやく復権《ふっけん》のきざしが見えはじめました。

7 ニホンミツバチは性質がおとなしく、めったに人を刺《さ》すこともなく、飼いやすいハチだということです。

8 ニホンミツバチが人里に少なくなったのは、飼われなくなったことも原因ですが、それに加えて、③セイヨウミツバチの存在《そんざい》が大きく関与《かんよ》しています。また、セイヨウミツバチが山に住めないのは、大《たい》敵《てき》スズメバチの存在のためです。ウそのあたりの事情をもう少しくわしく見てみましょう。

9 二種類のミツバチの巣が接近していると、やがて数匹《すうひき》のセイヨウミツバチがニホンミツバチの巣を訪問《ほうもん》します。なぜかニホンはこの異種《いしゅ》の訪問者を攻撃《こうげき》することなく、セイヨウはニホンの巣の中を自

参考
文中に出てくることば
人為的＝人間がわざとする様子。
復権のきざし＝勢力（存在）を回復する様子が見えはじめること。
関与して＝かかわって。
ニホン＝ここではニホンミツバチのこと。
セイヨウ＝ここではセイヨウミツバチのこと。

分の家のように歩き回り、ニホンがためた蜜を吸《す》い、自分の巣に持ち帰ります。そしてさらに有名な尻《しり》ふりダンスで蜜のあり場所を知らされた仲間が集団でニホンの巣におしかけ、手あたり次第に蜜を盗《ぬす》みはじめます。こうして遠からずニホンは飢《う》えのために死滅《しめつ》してしまいます。

10 ニホンはこれまでの長い進化の歴史の中で、こんな荒《あら》っぽい相手はいませんでした。やられっぱなしなのも、対策《たいさく》を身につけるチャンスがなかったためでしょう。もしもセイヨウが町を出て山にまで進出できたならば、本当にニホンはこの国土から絶滅してしまったかもしれません。

11 いっぽう、ミツバチの大敵はスズメバチの仲間で、巣をおそい、ミツバチの成虫や幼虫《ようちゅう》を殺してエサとして持ち帰ります。そこでミツバチの巣箱にはスズメバチの侵入《しんにゅう》を防ぐために考案されたいろいろなしかけが取りつけられていますが、ミツバチにとっても養蜂業者にとってもスズメバチが最大の天敵であることに変わりありません。そして、この④天敵への対応は、逆に長年戦い続けてきたニ

参考

文中に出てくることば

尻ふりダンス＝ミツバチが仲間に蜜の場所を教えるときの動作。

ホンと、日本にきてから初めて関係の生じたセイヨウとではまるでちがっています。

12　まずセイヨウは、スズメバチが来ると次から次へとおそいかかり、よろいのようにがんじょうなスズメバチの皮ふの中で、唯一《ゆいいつ》の弱点である胸部《きょうぶ》の節間のうすい膜《まく》の部分を刺《さ》し、これを殺します。しかしそれぞれの働きバチが単独で無計画に戦いをいどみますので、敵をたおすよりも、スズメバチの強大な大アゴでかみ殺されることが多く、いたずらに死体の山をきずいていきます。

13　これに対して、ニホンの場合はどうでしょうか。セイヨウの巣のそばで死んでいるスズメバチのからだには、セイヨウの働きバチが命とひきかえに刺した針《はり》がのこされていますが、ニホンがたおしたスズメバチの死体には、この針が見当たらないのです。

14　実は、ニホンは偵察《ていさつ》に来たスズメバチに集団でおそいかかり、スズメバチを中心に群がって独特の「蜂球《ほうきゅう》（ボーリング）」を作ります。そして胸部筋肉《きんにく》をふるわせて発熱し、中のスズメバチを熱死させてしまうのです。このおどろくべき行動は、近年、玉川大学のミ

参考

文中に出てくることば

いたずらに＝むだに。

ツバチ科学研究所の研究陣《じん》が明らかにしたことで、この時の発熱はニホンの死ぬ温度よりもわずかに低い摂氏《せっし》四七度に達するということです。こうしてスズメバチの偵察バチが本隊に連絡《れんらく》する余裕《よゆう》を与《あた》えず、この特技がニホンの山野での生活を保証しています。

15 セイヨウミツバチに弱い〔　A　〕

16 ニホンミツバチに弱い〔　B　〕

17 スズメバチに弱い〔　C　〕

18 ナメクジがヘビを、ヘビがカエルを、カエルがナメクジを食い合って、最後に消えてなくなるのが「三すくみ」の語源《ごげん》ですが、ナメクジがヘビを食うことの真偽《しんぎ》はともかく、スズメバチと二種類のミツバチは、⑤住み場所をちがえたことでどうやら消えてなくなることだけはまぬがれそうです。

（梅谷献二《うめやけんじ》『ヒトが変えた虫たち』より）

参考

文中に出てくることば

真偽＝本当かうそか。

梅谷献二（うめや・けんじ）

一九三一〜　農学博士。一九五九年、農林水産省入省。植物防疫《ぼうえき》所、各試験研究機関を歴任。一九九〇年、同省果樹試験場長を退官《たいかん》。『虫の博物誌《はくぶつし》』、『虫の民族誌』をはじめ、昆虫に関する著作《ちょさく》多数。

問一　――線部ア～ウについて、それが指している内容をそれぞれ答えましょう。

ア
イ
ウ

問二　ニホンミツバチとセイヨウミツバチとの性質や能力についてのちがいがわかるように、解答らんに書き入れましょう。

ニホンミツバチ

蜜を集める能力＝

ハチとしての性質＝

セイヨウミツバチ

蜜を集める能力＝

ハチとしての性質＝

問三　――線部①「ニホンミツバチはこのまま消滅に向かう運命にあるのでしょうか」とありますが、この問いに対する答えを、筆者はどうだとしていますか。かんたんに答えましょう。

問四　——線部②「人為的に追いやられた」とありますが、

①これは「なにがどうした」ことをいっているのですか。

②なぜそうなったのか、その理由を四十字以内で説明しましょう。

問五　——線部③「セイヨウミツバチの存在が大きく関与しています」と

ありますが、
①どういうことについて「関与」しているというのですか。具体的に説明しましょう。

②また、それはセイヨウミツバチがどういうことをしたためなのですか。わかりやすく四十字以内で説明しましょう。

問六　――線部④「天敵への対応」とありますが、セイヨウミツバチとニホンミツバチの「天敵」への対応のちがいをそれぞれ説明しましょう。

セイヨウミツバチ

ニホンミツバチ

問七　〔Ａ〕～〔Ｃ〕にあてはまるハチを正しく書きましょう。

A	B	C

問八　――線部⑤「住み場所をちがえたこと」とは、どういうことについていっているのですか。四十字以内で説明しましょう。

第5章 随筆《ずいひつ》

19 随筆《ずいひつ》（1）

解答 242ページ

随筆《ずいひつ》は、**個人的な体験**をつづりながら、そこから**心で感じたこと**を表現する、文学的文章です。実際にあったことを述べる点では説明的文章と重なりますが、「問い」や「答え」をふくむとは限りません。意味段落《だんらく》分けや要約は、「体験」と「印象」に分けて整理すればよいでしょう。

参考

文中に出てくることば

三日にあげず＝間をおかず。たびたび。

1 次の文章を読んで、あとの問いに答えましょう。

1 死んだ父は筆まめな人であった。

2 私が女学校一年ではじめて親もとを離《はな》れた時も、三日にあげず手紙をよこした。当時保険会社の支店長をしていたが、一点一画もお

ろそかにしない大ぶりの筆で、

「向田邦子殿《むこうだくにこどの》」

と書かれた表書をはじめて見た時は、ひどくびっくりした。父が娘《むすめ》あての手紙に「殿」を使うのは当然なのだが、つい四、五日前まで、

「おい邦子！」

と呼《よ》び捨《す》てにされ、「馬鹿野郎《ばかやろう》！」の罵声《ばせい》やげんこつは日常のことであったから、突然《とつぜん》の変わりように、こそばゆいような晴れがましいような気分になったのであろう。

3 文面も折り目正しい時候のあいさつに始まり、新しい東京の社宅《しゃたく》の間取りから、庭の植木の種類まで書いてあった。文中、私を貴女《あなた》と呼び、
「貴女の学力では難《むずか》しい漢字もあるが、勉強になるからまめに字引《じびき》を引くように」

という訓戒《くんかい》もそえられていた。

4 ふんどしひとつで家中を歩き回り、大酒を飲み、かんしゃくを起

参考

文中に出てくることば
折り目正しい＝礼儀《れいぎ》正しい。

こして母や子供たちに手を上げる父の姿《すがた》はどこにもなく、威厳《いげん》と愛情にあふれた非の打ち所のない父親が①そこにあった。

5 暴君ではあったが、反面照れ性《てしょう》でもあった父は、他人行儀《ぎょうぎ》という形でしか十三歳《さい》の娘に手紙が書けなかったのであろう。もしかしたら、②日頃《ひごろ》気恥《きは》ずかしくて演じられない父親を、手紙の中でやってみたのかもしれない。

6 この手紙もなつかしいが、もっとも心に残るものをと言われれば、父があて名を書き、③妹が「文面」を書いたあの葉書ということになろう。

7 終戦の年の四月、小学校一年の末の妹が甲府《こうふ》に学童疎開《そかい》をすることになった。すでに前の年の秋、同じ小学校に通っていた上の妹は疎開をしていたが、下の妹はあまりに幼《おさな》くふびんだというので、両親が手放さなかったのである。ところが三月十日の東京大空襲《だいくうしゅう》で、家こそ焼け残ったものの命からがらの目にあい、このまま一家全滅《ぜんめつ》するよりは、と心を決めたらしい。

参考

文中に出てくることば

非の打ち所のない＝少しの欠点もない。完全である。

8 妹の出発が決まると、暗幕《あんまく》をたらした暗い電灯の下で、母は当時貴重品《きちょうひん》になっていたキャラコで肌着《はだぎ》をぬって名札をつけ、父はおびただしい葉書にきちょうめんな筆で自分あてのあて名を書いた。「元気な日はマルを書いて、毎日一枚《まい》ずつポストに入れなさい。」と言ってきかせた。妹は、まだ字が書けなかった。

9 あて名だけ書かれたかさ高な葉書の束をリュックサックに入れ、雑炊《ぞうすい》用のどんぶりをかかえて、妹は遠足にでも行くようにはしゃいで出かけていった。

10 一週間ほどで、はじめての葉書が着いた。紙いっぱいはみだすほどの、いせいのいい赤鉛筆《えんぴつ》の（1）である。つきそっていった人のはなしでは、地元婦人会が赤飯やぼた餅《もち》をふるまって歓迎《かんげい》してくださったとかで、かぼちゃの茎《くき》まで食べていた東京にくらべれば（1）にちがいなかった。

11 ところが、次の日から（2）は急激《きゅうげき》に小さくなっていった。なさけない黒鉛筆の（3）は、ついに（4）に変わった。そのころ、

参考

文中に出てくることば

キャラコ＝薄《うす》くて目の細かい、綿の布。衣類、シーツ、足袋《たび》などに用いる。

少し離《はな》れた所に疎開していた上の妹が、下の妹に会いに行った。

12 下の妹は、校舎の壁《かべ》に寄りかかって梅干《うめぼ》しの種をしゃぶっていたが、姉の姿を見ると種をぺっと吐《は》き出して泣いたそうな。

13 まもなくバツの葉書もこなくなった。三月目に母がむかえに行った時、百日ぜきをわずらっていた妹は、しらみだらけの頭で三畳《じょう》の布団部屋《ふとんべや》に寝《ね》かされていたという。

14 妹が帰ってくる日、私と弟は家庭菜園のかぼちゃを全部収穫《しゅうかく》した。小さいのに手をつけると叱《しか》る父も、④この日は何も言わなかった。私と弟は、ひと抱《かか》えもある大物から掌《てのひら》にのるうらなりまで、二十数個のかぼちゃを一列に客間にならべた。これくらいしか妹を喜ばせる方法がなかったのだ。

15 夜遅《おそ》く、出窓《でまど》で見張っていた弟が、

「帰ってきたよ!」

と叫《さけ》んだ。茶の間に座《すわ》っていた父は、はだしで表へ飛び出した。防火用水桶《おけ》の前で、やせた妹の肩《かた》をだき、声を上げて泣いた。私は父が、大人の男が声を立てて泣くのをはじめて見た。

参考

文中に出てくることば

うらなり＝ウリやカボチャなどで、つるの先の方に遅《おく》れてなった実。小さくて味も落ちる。

16 あれから三十一年。父は亡《な》くなり、妹も当時の父に近い年になった。だが、あの字のない葉書⑤は、誰《だれ》がどこにしまったのかそれともなくなったのか、私は一度も見ていない。

（向田邦子《むこうだくにこ》『字のない葉書』より）

問一 ――線部①「そこ」とは何をさしていますか。

問二 ――線部②「日頃気恥ずかしくて演じられない父親」とは、⑴どういう父親ですか。⑵また、ふだんの父親はどういうすがたですか。簡潔《かんけつ》にまとめましょう。

⑴

参考

向田邦子（むこうだ・くにこ）

一九二九～一九八一　放送作家・小説家。『時間ですよ』『阿修羅《あしゅら》のごとく』などのテレビドラマで高視聴率《しちょうりつ》を記録。一九八〇年、『思い出トランプ』中の三編で直木《なおき》賞受賞。随筆も多く手がけた。

(2)

問三　――線部③「妹が『文面』を書いた」とありますが、妹が書いた「文面」とはどういうものでしたか。

問四　(1)～(4)にあてはまることばを次のア～エからそれぞれ選びましょう。ただし、同じ記号は二度使いません。

ア　マル　**イ**　バツ　**ウ**　大マル　**エ**　小マル

1	2	3	4

問五　――線部④「この日は何も言わなかった」とありますが、それはなぜですか。次のア～ウから選びましょう。

ア　病気になってもどってくる妹の大好物だと知っていたから。

イ　かぼちゃをたくさん並《なら》べることが、妹を喜ばせるせいいっぱいのことだと思っていたから。

ウ　食べるものはたくさんあるということを小さい妹にしめしたいと考えていたから。

□

問六　――線部⑤「字のない葉書」を思い出しながら、筆者は父をどのような人物だったと考えていますか。「父」につながるように答えましょう。

（　　　　　　　　　　　　　　　　　　）父

参考

問六への対応

特に、14・15段落の体験から筆者が得たであろう印象を、推定《すいてい》してみましょう。

2 次の文章を読んで、あとの問いに答えましょう。

1 人間が、その環境《かんきょう》とともにあるのも事実である。［　A　］、自分の住む場所が自分にとってよい場所であるのがよい。

2 もっとも、「よい環境」だと「よい友だち」が作れる、というのもいくらか怪《あや》しい。［　B　］、「自分よりよい子と友だちになりましょう」というのは、無理な話だ。

3 かりに、「よい子」から「悪い子」まで一列に並《なら》んでいたら、そしてだれもが①「自分よりよい子」を友だちにしようとしたら、だれも友だちが作れないのは、数学的に考えればすぐわかる。もしも、「よい子」同士がグループを作り、「悪い子」同士がグループを作ったりしては、これも困《こま》る。よく、②「悪い仲間にさそわれて」と言われたりするが、「仲間にさそわれる」ぐらいでどうこうなるのは、本人がダメな証拠《しょうこ》だ。

4 それより、ここは自分のような「上等な」人間のいる場所でない、もっとよい環境にあるべきだ、なんて考えだすと一番困る。ど

参考

文中に出てくることば
どうこうなる＝影響《えいきょう》される。

んな環境であっても、そこを自分にとっての「（　③　）」にして、そこで「（　④　）」を作れるというのが、上等な人間である。

5　いつでも、ここは自分にふさわしい場所ではないと思っているような人間は、つまらないだろう。いつもよい場所を求めるというのは、一見は「向上心」がありそうに見えるが、その実は欲求《よっきゅう》不満にすぎなかったりする。それより、自分の場所を、自分にとってのよい場所にしたほうがよい。べつに一つの場所に固執《こしつ》せねばならないのではない。新しい場所を探《さぐ》るのはよいことだが、それは今いる場所が「悪い場所」だからであってはならない。そんなことで新しい場所を探《さが》したって、⑤その場所もすぐに、「自分にふさわしくない場所」に見えてくる。

6　そもそも、人それぞれに、きまった場所があって、その場所を探すものだ、などとは思わぬほうがよいと思う。学生が「この専門《せんもん》に進めばその分野は発展《はってん》しそうですか」とたずねて、教授に「自分のとりついた分野を発展させようとするもので、発展しそうかなどと他人事みたいなことを言うな」とドヤされていたのを見たことがあ

参考

文中に出てくることば

固執＝自分の意見を主張しつづける。

る。

7 それでも、進路などで、自分はこっちに進むべきかと迷うことはあろう。それは迷うのが当然で、迷うのはよいことだ。あまり単純《たんじゅん》に迷いをふりすてないほうがよい。［ C ］、いくら考えたところで絶対正しい進路なんて、わかりっこない。迷いながら進むのが人生だ。

8 そのとき、親とか教師とか、いろんな人の意見を参考にするのはよいことだ。自分のことだから他人の意見は聞かぬなどと、意固地《いこじ》になることはない。ただ、その他人の意見に従《したが》うにしても、その意見に従うことを選んだのは自分の責任だ、ということだけは確認《かくにん》したほうがよい。意見を言うほうも、従われた相手に責任をかぶせることを忘《わす》れぬほうがよい。

9 なぜかというと、どんな道にすすんだところで、人間は少しはつまずくことぐらいある。そのとき、その道をとったのを自分の責任にしておかないと、その道を奨《すす》めただれかれの責任におっかぶせたくなる。他人のあの意見を聞いたためにこうなった、これはあいつ

参考

文中に出てくることば
意固地＝意地をはること。

の責任だ、そう考えていると確実に挫折《ざせつ》する。

10 自分の人生というドラマは、もう変えられっこないのだから、ほかの可能性があったとしても、それを考えるのがそもそもムダなことだ。そして、こうした筋書《すじが》きになったのには、他人の影響《えいきょう》があったにきまっているが、その道を進むことにしたのは、このドラマの主人公である自分だ。それを他人の責任にしたのでは、⑥自分が他人のアヤツリ人形だったと認《みと》めるようなもので、自分をミジメにするだけだ。⑦このドラマの観客はなによりも自分なのだから、自分はいつでも主人公である。どんなに目立った人間でも、他人であるかぎり、自分のドラマにとって脇役《わきやく》でしかない。

11 逆に言えば、親なり教師なり先輩《せんぱい》が、忠告《ちゅうこく》をするときも、相手の自己《じこ》責任だけは確認しておいたほうがよい。相手に責任をとらすのはかわいそうとか、自分が責任をとらねば卑怯《ひきょう》だとか、そうしたことを考えるのは、結局は相手のためにならない。まして、それを自分が引きうけて、自分が偉《えら》いように思ったりするのは罪悪だ。それは相手のために忠告しているのではなく、相手をあやつっている

参考

文中に出てくることば

挫折する＝失敗して、くじける。

自分の満足を求めていることにしかならない。世の中では、そうした他人の自己を否定《ひてい》するような「指導者」を尊敬《そんけい》したがる風潮《ふうちょう》がないわけではない。「おれの言うとおり、ついてこい」と自信ありげに言われると、⑧偉いように見えたりする。

12 これは、一種の人間の弱さから来ているのだと思う。人間はみな、自分のすべてを自分で責任をとるのがつらいから、自分の判断を肩《かた》がわりしてくれる人がほしい。それで、判断を代わってくれる人が尊敬されやすい。

（森毅《もりつよし》『生きていくのはアンタ自身よ』より）

問一 〔 A 〕～〔 C 〕にあてはまることばを次のア～エから選びましょう。

ア しかし　**イ** だから　**ウ** ところで　**エ** さらに

A	B	C

参考

文中に出てくることば

風潮＝世の中の傾向《けいこう》。

肩がわり＝代わりに責任を引き受けること。

森毅（もり・つよし）

一九二八～二〇一〇　数学者。解析学を専門とし、京都大学の名物教授として親しまれた。歌舞伎《かぶき》や長唄《ながうた》に通じた芸能・文化評論や、教育問題への積極的発言でも活躍《かつやく》した。

問二　――線部①「だれもが『自分よりよい子』を友だちにしようとしたら、だれも友だちが作れない」とありますが、その理由を五十字程度で説明しましょう。

参考

問二への対応

もしも「『よい子』から『悪い子』まで一列に並んでいた」ところに、先生が来て、「自分よりよい子とペアになりましょう」と指示したら、いったいどうなるでしょうか。

問三 ――線部②「『悪い仲間にさそわれて』と言われたりする」とありますが、ここで意味しているものを次のア～オから選びましょう。

ア 灯台もと暗し
イ 君子《くんし》危《あや》うきに近寄らず
ウ 朱《しゅ》に交われば赤くなる
エ 石橋をたたいて渡《わた》る
オ 悪事千里を走る

□

問四 （③）・（④）に入る言葉として適切なものを次のア～カからそれぞれ選びましょう。

ア よい環境
イ 悪い環境
ウ 自分の場所

エ　よい友だち
オ　悪い友だち
カ　上等な仲間

③

④

問五　――線部⑤「その場所もすぐに、『自分にふさわしくない場所』に見えてくる」のは、どういう考えでいるからですか。説明しましょう。

問六　――線部⑥「自分が他人のアヤツリ人形だった」とありますが、この内容として最も適切なものを次のア～エから選びましょう。

ア　自分の人生が他人の影響によってムダなものになったということ。

イ　自分の人生が他人の意見によってつくられていたということ。

ウ　自分が他人の作ったドラマの主人公にならなかったということ。

エ　自分が他人の意見を無視《むし》してよい人生というドラマを作ったということ。

問七　――線部⑦「このドラマ」とは、何のことをいっているのですか。別のことばにいいかえましょう。

問八　――線部⑧「偉いように見えたりする」とありますが、その理由を具体的に述べている一文を文中からぬき出し、最初の五字を答えましょう。

問九　この文章で、筆者が最もよいあり方だと考えている人間を、次のア～エから選びましょう。

ア　悪い仲間にさそわれてしまう人間

イ　自分はもっといい環境にいるべきだと思う人間

ウ　今の場所を自分にとってよい場所にしようとする人間

エ　自分の進むべき道がわからずに迷っている人間

問十　この文章の内容に合っていれば○を、間違《まちが》っていれば×を書きましょう。

ア　人間は、いつも自分にとってよい場所を求めるけれども、それは人間が向上心をもっているからである。

イ　自分の進路に迷った時は、いろいろな人に相談をして意見を参考にしたほうが自分の責任が軽くなる。

ウ　他人に意見を求められた場合、意見を述べてもその結果の責任は取らないと相手に伝えるべきである。

エ　人間はみな弱い面を持っていて、自分で判断を下す勇気が持てないが、他人のことは平気で言える。

ア	イ	ウ	エ

参考

内容正誤《せいご》問題への対応

全体の内容をふまえたうえで、消去法で答えをしぼりこみます。改めて課題文と見比べながら、各選択肢《せんたくし》の、課題文と食いちがう箇所《かしょ》をチェックして下さい。

20 随筆《ずいひつ》（2）

随筆《ずいひつ》は文学的文章ですが、中には**学問的な関心をふくんだ随筆**も存在します。内容的にはかなり説明的文章に近づきますが、それでも随筆である以上、いちばんの話題は、体験や事実から心で感じたことでしょう。

1 次の文章を読んで、あとの問いに答えましょう。

1 （A）この文章が印象深いのは筆者が学生の様子をよく書いているからだと思います。とくに女子学生がよく書かれていると思います。

2 （B）この問題は早急に解決しなければならない問題です。しかし、その解決もごく手近なところにあるということも理解されていないのです。

3 ①この二つの文章のどこがいけないのだろうか。共通に②おもしろくないところがある。

4 同じことばがすぐ近くで重ねて出てくるところである。（A）では、どちらの文も「と思います」で結ばれている。どうしても使わなくてはならない「思います」ではなさそうだ。どちらかを変える必要がある。

5 くりかえしは、それだけではない。「よく書いている」「よく書かれている」のところも、これでは、同じことばを使っているのと同じようなものである。

6 (B)の方へ移ると、まず、「問題」と「解決」という語が、こんなミジカイ文の中に二度もあらわれてくるのは感心できない。しかし、これをアラタメただけではまだ不十分である。「解決も」の「も」と「ことも」の「も」とが目ざわりである。ひとつの文の中にこういう同音が重なるのは、できることならさけたい。

7 くりかえしの部分を除《のぞ》いて(A)(B)を書きアラタメてみると、

8 (A)この文章が印象深いのは、学生の様子をたくみに描《えが》いているからでしょう。[　　　　]

9 (B)これは早急に解決しなければならない問題です。しかし、その方法はごく手近なところにあるということがわかっていないの

です。（「その方法が……」）とすると、あとの「ということが」の「が」と重なっておもしろくない）

10 そんな③小さなことにこだわっていては文章など書けなくなってしまうと言う人があるかもしれないが、決してどうでもいい些事《さじ》ではないのである。文章を読みやすくするのに、もっとも大切な点のひとつかもしれない。

11 だいぶ前に亡《な》くなったが、佐々木邦《ささきくに》というユーモア作家がいた。だれにもたいへんよくわかる文章で小説を書くというので、多くの愛読者をもっていた作家である。

12 縁《えん》があって、佐々木さんの所へときどきうかがった。あるとき、「どうしたらわかりやすい文章が書けるのでしょうか」とたずねてみた。すると、佐々木さんは

「同じことばをくりかえさないことですね。同じことばがすぐ近くに出てくる文章は読む人にウムズカシイという感じを与《あた》えるようですよ」

と言われた。さらに、四百字原稿《げんこう》用紙の一枚《まい》の中には同じ語をなる

参考

文中に出てくることば

些事＝小さいこと。ささいなこと。

べく二度はモチイないようにしているともらされた。感銘《かんめい》を受けたので、三十年たったいまもあざやかに記憶《きおく》している。

13 同じことばのくりかえしはそれくらい重大なことなのである。決してなおざりにはできない。

（外山滋比古《とやましげひこ》『文章力～かくチカラ』より）

参考

文中に出てくることば

感銘＝深く心に感じて忘《わす》れないこと。

なおざり＝あまり注意をはらわず、いいかげんにすること。

外山滋比古（とやま・しげひこ）一九二三～二〇二〇 英文学者・評論家《ひょうろんか》。専門《せんもん》の英文学のほか、日本語論など幅広《はばひろ》い分野で活躍《かつやく》。著書《ちょしょ》『思考の整理学』はロングセラーとなり、今も読み継《つ》がれている。

問一 文中の——線部ア～エのカタカナを漢字に直し、必要なものにはおくりがなもつけましょう。

ア	イ	ウ	エ

問二 ——線部②「おもしろくない」のこの場合の意味として最もふさわしいものを、次のア～エから一つ選びましょう。

ア 楽しくない

イ ふさわしくない

ウ　興味をひかない

エ　風流でない

問三　――線部③「小さなこと」の反対の意味内容を表している語句を本文中よりさがして、五字でぬき出しましょう。

問四　――線部④「それくらい」とありますが、その指している内容としてふさわしいものを、次のア～エから一つ選びましょう。

ア　わかりやすい文章が書ける

イ　同じことばをくりかえさない

ウ　三十年たった今もあざやかに記憶している

エ　読む人にむずかしいという感じを与える

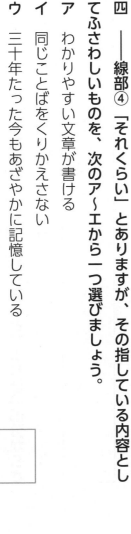

問五　――線部①「この二つの文章のどこがいけないのだろうか」に対する答えとなっている部分を、「(B)の方へ移ると」より後の部分からさがして、十一字で書きぬきましょう。

問六　本文中の「　　　　」にあてはまるふさわしい一文を、次のア・イの二点を守って書きましょう。

ア　本文の内容にそっていること。

イ　「とくに女子学生が」に続けて十字以内で書くこと。

とくに女子学生が

問七　次の一文は、どこかおかしい表現となっています。「わたしの仕事は、」に続けて正しく書き直しましょう。

わたしの仕事は、食後のやかんを湯飲み場に返します。

わたしの仕事は、

第6章 物語

21 物語（1）

解答　246ページ

物語には、「ぼく」や「わたし」が語り手となる一人称《いちにんしょう》の形式と、作者自身が語り手となる三人称《さんにんしょう》の形式があります。語り手である登場人物の視点《してん》によりそって物語が進行し、語り手の心の動きを追体験できる点に、**一人称**の面白さがあります。さっそく読んでみましょう。

参考
物語の前文
この［これまでのあらすじ］のように、物語の最初に前文が置かれている場合は、人物や設定、ここまでのあらすじなど、重要な情報が書かれていますので、読み飛ばさないようにして下さい。

1 次の文章を読んで、あとの問いに答えましょう。

［これまでのあらすじ］
「ぼく」は、マンモス・タンカーが太平洋上で、突然《とつぜん》まっぷたつに折れて沈没《ちんぼつ》するという事故によって父親を亡《な》くし、東京の学校か

ら急に村の分教場へ転校してきた。

1 寅吉《とらきち》じいさんの説によれば、神様とか、ほとけ様とか、人間の霊《れい》魂《こん》とか妖怪《ようかい》とかは、実際に存在《そんざい》すると思えば存在するし、存在しないと思えば存在しない、つまりその人の気持ち次第《しだい》で、存在したり、しなかったりするものだということであった。

2 「それじゃ」とぼくはいった。「ぼくが自分で座敷《ざしき》わらしが実際にいると信じれば、座敷わらしはいるってわけね？」

「そうじゃよ」

「じゃ、①仮にそう信じるとして、ぼくはいつ、どこへ行けば座敷わらしに会えるの？」

「[1]、さっきもいうたように、満月の晩《ばん》に、どっしりした大黒柱《だいこくばしら》のある古い家にいれば会えるんじゃ。たとえば、ここの家の離《はな》れみたいなところにな。」

3 寅吉じいさんがそういうので、ぼくは[A]。

「この銀林荘《そう》の離れにも、座敷わらしが住んでるの？」

「住んでるかどうかわからんが、ともかくあすこの座敷には出ると

参考

文中に出てくることば

座敷わらし＝「わらし」は「わらべ」と同じ「童」で、子どものことを呼ぶ方言。「座敷わらし」は文中で言う妖怪《ようかい》のようなもので、特にわが国の東北地方の人たちの間で広く信じられている。

あすこ＝あそこ。

いう噂《うわさ》が、昔からあるんじゃ」

4 その離れというのは、建ててからもう百年以上になるという茅葺《かやぶ》き屋根のどっしりした家で、以前はそこが母屋《おもや》だったそうだが、いまは新館が出来たので離れの客間《きゃくま》として使っている。

5 「ほら、離れに太い大黒柱があって」と寅吉じいさんは言った。「あの大黒柱をまん中にして四つの座敷があるじゃろう。そんなふうに、一本の柱を中心にして四つの部屋が出来ているという作りの家に、座敷わらしが出るんじゃよ。ウソじゃと思うたら、今度の満月の晩に一人で離れに寝《ね》てみたらどうじゃな。」

6 そのとき、ぼくがふと、よし、本当に座敷わらしに会えるかどうか、お母さんに頼んで、今度の満月の晩に離れの座敷に泊《と》まってみてやろうか、と思ったのは、ただの好奇《こうき》心だけのせいだったろうか。

7 [2]、ぼくだって、人並《ひとな》みの好奇心は持っているつもりである。それに、なにしろぼくは毎日が退屈《たいくつ》でならなかったのだ。それで、なにか変わったことをしてみたいという気持ちに絶えずそそのかさ

参考

文中に出てくることば

「母屋」と「離れ」＝現在でもこういう家の建て方をする人もいる。生活の中心を母屋におき、別室のように少し離れた場所にくつろぎや趣味《しゅみ》のための部屋をおく建築様式。

れていたことは、認《みと》めないわけにはいかない。

[8] [3]、もしも③これが、ぼくのお父さんのタンカー事故の前だったら、ぼくはこんな座敷わらしの話なんか、おそらく一笑《いっしょう》に[B]てしまっただろうと思う。ぼくは、人間がロケットで月へおりたつ時代の子である。この世に妖怪なんぞがいると思えという方が、無理なのだ。

[9] ところが、だれもが予想しなかったあの事故が起こって以来、正直言ってぼくの心の底の方には、人間が生み出した科学をはるかに超越《ちょうえつ》した、科学では解明できない一つの世界、科学の常識では信じられないようなことが容易に起こりうる一つの世界――④そんな世界の存在を密《ひそ》かに信じたくなるような気持ちが芽生《めば》えていたのだ。

[10] [4] ぼくは、お父さんのタンカー事故で、容易に信じられることよりも、むしろとても信じられないようなことをこそ、信じなければならないという気持ちになっていたのだ。

（三浦哲郎《みうらてつお》『ユタとふしぎな仲間たち』より）

参考

三浦哲郎（みうら・てつお）

一九三一～二〇一〇 小説家。青森の生まれ。自らの学生結婚《けっこん》を題材にした『忍《しの》ぶ川』で芥川《あくたがわ》賞受賞。『拳銃《けんじゅう》と十五の短篇《たんぺん》』で野間《のま》文芸賞、『白夜《びゃくや》を旅する人々』で大仏次郎《おさらぎじろう》賞など、多くの文学賞を受賞している。

問一 ――線部①「仮にそう信じるとして」とありますが、どう信じるのですか。文末が「信じる」につながるように、文中より二十字以内でぬき出しましょう。

信じる

問二 ――線部②のように「ぼく」が思った理由を五十字程度で答えましょう。

参考

問二への対応

傍線《ぼうせん》部直後の[7]段落《だんらく》で、自分が好奇心《こうきしん》に動かされたということを告白したうえで、さらにその好奇心の奥底《おくそこ》に何があったかを、[8]～[10]段落で掘《ほ》り下げています。したがって、解答の根拠《こんきょ》は、[8]～[10]段落に求める方が良いでしょう。

問三　――線部③「これ」が指し示すものを、文中から七字でぬき出しましょう。

問四　――線部④「そんな世界の存在を密かに信じたくなるような気持ちが芽生えていたのだ」とありますが、なぜ芽生えていたのですか。最も適当なものを次のア～エから選びましょう。

ア　「ぼく」は元々座敷わらしの存在を信じていたので。

イ　「ぼく」は父の死を受け入れようとしていたので。

ウ　「ぼく」は超《ちょう》科学的な現象に興味を持ち始めていたので。
エ　「ぼく」は父の死を信じたくなかったので。

問五　［A］にあてはまる語句として最も適当なものを次のア～エから選びましょう。
ア　こわかった
イ　びっくりした
ウ　悲しかった
エ　わくわくした

問六　［B］にあてはまる語をひらがな二字で答えましょう。

問七 ［1］～［4］にあてはまる語を次のア～カからそれぞれ選びましょう。

ア そして
イ つまり
ウ けれども
エ また
オ だから
カ もちろん

1	2	3	4

22 物語（2）

解答 247ページ

三人称《さんにんしょう》の物語は、作者が語り手で、あらゆる登場人物の言動や心情を、自由自在に描写《びょうしゃ》できる点に面白さがあります。神様の視点《してん》にも似た客観的な目で、作者が、さまざまな人間をあたたかく包み込《こ》む世界を、楽しんでみましょう。

1 次の文章を読んで、あとの問いに答えましょう。

この文章は野上弥生子《のがみやえこ》『哀《かな》しき少年』（昭和十年発表の小説）の一節です。これまでのところを簡単《かんたん》に書くと次のようになります。主人公の隆《りゅう》は、幼時《ようじ》に父を失っています。小学校では成績のよい生徒ではありませんでした。この隆が、試験の三、四か月前から急に勉強しだして、もっともむずかしいとされている七年制の学校（小学校四年終《しゅう》了《りょう》後に入学する七年制の中学校）に入学しました。無理だとあきらめていた母は大変な喜びようでした。しかし、母が制服として隆にあたえたものは、帽子《ぼうし》以外、すべて兄のお古《ふる》でした。

[1] 学校へ行ってみると、みんな真新しい制服で、外套《がいとう》も截《き》りたてのずっしりしたのにくるまっていた。隆はそれがうらやましいより、入学のてがらをあれまでにほめたて、なんでも買ってやると言っておいてそんな古ものばかり着せようとする母への不信が、一種つよいうっぷんになった。

参考

野上弥生子（のがみ・やえこ）

一八八五～一九八五　小説家。夏目漱石《なつめそうせき》の門下。『ホトトギス』や『青鞜《せいとう》』に寄稿《きこう》し、『海神丸《かいじんまる》』で文《ぶん》壇《だん》的地位を確立。写実的手法・社会的視野・ヒューマニズムを基調とする作風を築き、晩年《ばんねん》まで旺盛《おうせい》な創作《そうさく》意欲《いよく》を持続した。代表作に『迷路』、『秀吉《ひでよし》と利休《りきゅう》』など。

文中に出てくることば

外套＝（上着の）オーバーコートのこと。

「①外套、ぼくいらない。」

「隆ちゃん、あんたかぜ引きかけてるじゃないの。」

「いいってば。」

「いけませんよ。」

「いやだい。」

2 四月も半ば近くになって、さきかけた花がこずえにいてつくような冷雨《れいう》がつづき、隆はせきをしていた。それで毎朝母と小競《こぜ》りあいがあったすえに、とうとう厳《きび》しい対決がはじまった。

「A」

「B」

「C」

「D」

「E」

「F」

3 そんなでたらめがなぜ口からでたのか自分でも不思議であった。
しかし兄の古ものにくらべれば、かれらの新しい外套のボタンはその十倍ついていると言ってもいいくらい②キラキラしていたのは確かであった。母は少し乱視《らんし》になって、見すえるとおこっていなくともにらむようになる眼を、隆のぽっつりと一つ赤いふきでものの出た額にとめてから、念をおした。

「隆ちゃん、ボタンさえ直せば、じゃきっと着て行くのでしょうね。」

「うん。」

「それなら明日忘《わす》れずに買っていらっしゃい。ちょうどおこづかいもあげようと思っていたんだから。」

4 くやしく追いつめられた感じで、隆はたたみの上の五十銭《せん》銀貨の、なにか酷薄《こくはく》にしろじろとした二つの円をながめた。と急に、それが霧《きり》の中の月のように、ぼうっと大きくひろがって重なりあった。隆は［ G ］を見られまいとして、引っさらうように銀貨をつかんで母のへやを出た。

5 正門のすぐまえの通りに学校の洋服屋があって、ショー・ウィンドーには制服制帽《ぼう》と一緒《いっしょ》に季節のきれ地が、高く三角帆《ほ》のように垂《た》らしたりまいたりしてならべてあり、すみにはフランス人形や色のさめた造花のばらまでかざってあるのが、さも郊外《こうがい》らしかった。隆は金文字のついたガラス戸をかばんでおして入り、外套のボタンをくれと言うと、店番をしながら女の子に紙風船をふくらましてやっていた小僧《こぞう》が、いくつ要《い》るかをきいた。隆はがま口をあけ、母にもらった五十銭玉を二つぱちりと截台《たちだい》の上においた。小僧は口ぶえをふくような口つきをして、銀貨と隆をちょっと見くらべたが、そのまま立ってうしろのたんすから白い台紙に十ずつとじつけたのを五枚《まい》出して来た。

6 五十個の金ボタンは母をもあきれさせた。

「いったいどうするつもり、これだけのボタンを。――みんなつけるのですか。」

7 隆自身もどうするつもりか知らなかった。ただもらった一円を他のことには一銭だって使いたくない気がしたままでであったが、そうきかれると、どこまでもみんなつけるのだと主張しないわけにはいかなかった。

「じゃ、いいからおいてらっしゃい。今夜きっとつけておくから。」

8 言うまでもなく、ボタンはかこつけであることを母ははじめから知っていたが、隆のような③強情っぱりは、こんな時にこそうんととっちめてやらなければためにならないと腹《はら》をすえていたのであった。それにしても五十のボタンを、一着の外套にくっつけるのはかなりの工夫の要ることであった。胸《むね》に二列に五つずつついていたのはその倍に増やされ、その他は、両そでや、脇《わき》のぬい目や、背筋《せすじ》にそうて、とうとう一つ残さずぬいつけてしまうと、おゆずりの古外套は、その装飾《そうしょく》でなにか芝居《しばい》の金ぴかの衣装《いしょう》のように燦然《さんぜん》として見えた。母はいくら隆でもこれは着ては行けないだろうと思った。

しかし明けの朝、④隆はおこって、泣きそうに下くちびるをつきだしながら、それでも玄関《げんかん》横の外套掛《か》けから素早く引ったくって手を通した。よけいなうそでこんなはめにおちいった自分が悲しく、それを知っていて、わざとありったけのボタンをつけた母がにくらしく、また、たしかにこれをおもしろがっている兄たちや姉が腹立たしかった。かれらにさあどうだと言わせないためには、隆は意地で

参考

文中に出てくることば

かこつけ＝口実《こうじつ》のこと。

もその外套を着て行かねばならなかった。

9 しかし、帰った時には、外套はうろこをふり落としたように、もう一度まえの古ぼけた生地をむき出していた。隆は博物の時間のあと、その解剖《かいぼう》用の小ばさみで新しいボタンの糸を、ぷつりぷつり切ってしまったのであった。

参考

文中に出てくることば

博物の時間＝動物・植物・鉱物《こうぶつ》・地質などを学ぶ時間。いまの理科の時間にあたる。

問一 ――線部①「外套、ぼくいらない」と隆はなぜ言ったのでしょうか。一番の原因と思われることを、文中からさがして、五字のことばで答えましょう。

問二 「　A　」～「　F　」の中には、次のような会話が入ります。正しい順序にならべかえて、記号で答えましょう。

ア　ボタンがもっとうんとついているんだ。

イ　どうしてです。あれは学校着にはおしいくらいいいラシャでできてるのだから。

ウ　ちがってるとは、どこがみなさんのとちがってるの。

エ　ラシャがよくったって、みんなのとはちがってるんだもの。

オ　隆ちゃん、あんたはなぜかあさんの言う通りに外套を着て行かないのです。また気管支でもこじらすと、せっかくはいったばかりで長く休むようなことになるのですよ。

カ　あんな外套着られやしない。

A	B	C	D	E	F

問三　――線部②「キラキラしていた」と感じたのはなぜでしょうか。簡単に答えましょう。

参考

文中に出てくることば

ラシャ＝地の厚い、目のつまった毛織物の一種。

問四　前後の文をよく読んで、「　G　」に入る適当なことばを書きましょう。

問五　――線部③「強情っぱり」とありますが、その具体例を二つ書きましょう。

一つめ＝

二つめ＝

問六　――線部④「隆はおこって、泣きそうに」なったのはなぜでしょうか。その時の隆の気持ちをよく表した文の最初と最後の五字を、それぞれ書き出しましょう。句読点も一字に数えます。

最初＝　　　　　最後＝

参考

文中に出てくることば

凍傷＝強い寒気のため身体の一部がおかされること。

帰依＝神や仏を信じ自分を任せきること。

2　次の文章を読んで、あとの問いに答えましょう。

庄蔵《しょうぞう》は凍傷《とうしょう》で失った脚《あし》の切断面に傷《いた》みを覚え、医師の診断《しんだん》を受ける。その結果長い病院生活が必要であることを告げられ入院する。翌朝《よく》、見舞《みま》いに行った磯吉《いそきち》に庄蔵は、自分が正式にロシア正教《せいきょう》に帰《き》依《え》しようとしていることを告げる。磯吉はすぐ宿舎に帰り、一同にこのことを知らせた。

（以上はここまでのあらすじ）

1　光太夫《こうだゆう》は仲間のもとをはなれて宿舎を出た。病院へ行く途中《とちゅう》、光

光太夫（こうだゆう）

一七五一～一八二八　伊《い》勢国《せのくに》の商人・大黒屋《だいこくや》光《こう》太夫《だゆう》のこと。伊勢から江戸《えど》へ航行中、嵐《あらし》にあいアムチトカ島に漂着《ひょうちゃく》。ロシア本国に送られ女帝《じょてい》エカチェリーナ2世に謁見《えっけん》。一七九二年、使節ラクスマンの来日の際に帰国。幕府《ばくふ》により江戸で監禁《かんきん》同様の立場となったが、見聞した知識を有志の人々に伝えた。

太夫は涙《なみだ》が頬《ほお》を伝わるのを通行人に見られないように注意して歩いた。ふいにロシア正教に帰依し、異国《いこく》に帰化することにふみきった庄蔵の気持ちがあわれでならなかった。脚を一本失ってしまっている上に、また長患《ながわずら》いしなければならなくなり、そのことで神にすがる気持ちにもなったであろうし、また金のことに気を配るところもあったであろうと思った。

2 庄蔵がロシア正教に帰依して、名をフョードル・シトニコフと改めたことは、――前々からいつかはこのことがあるのが予想されてはいたが、日本の漂流民《ひょうりゅうみん》たちにとっては、何といっても残り少なくなっていた櫛《くし》の歯がまたひとつこぼれたようなうそ寒い思いの事件であった。ロシア正教に帰依して改名するということは、とりもなおさずロシアに帰化することに他ならなかった。庄蔵が帰化したとなると、いまはニーナという肥《ふと》ったひとのいい後家《ごけ》との関係が半ば公然となって来ている新蔵《しんぞう》の場合も、そういうことがないとは言われなかった。もし新蔵までがそのようなことになると、あとに残るのは光太夫、小市《こいち》、九右衛門《きゅうえもん》、磯吉の四人ということになる。新

参考

文中に出てくることば

漂流民＝乗っていた船が航行不能になり流された人。ここではロシアに流された日本人達を指す。

後家＝夫の死後、再婚しないでいる女性。

蔵が留守の時など、
「新のやつもあぶねえもんだ」②

3 九右衛門はよくこういう言い方をした。

「そうさの」③小市の返事はいつも決まっていた。小市はそれだけしか言わなかった。そういう小市の応じ方が九右衛門には気に入らないらしく、庄蔵は不自由の身になったのでいたし方ないとして、新蔵にもしそのようなことがあれば、これだけは許すことができない。な、そうだろう、そうじゃねえかと、九右衛門はくどくどと言い立てた。そしてその挙げ句の果てには、いつも、

4 「そうさの、そうさのって、おぬし、一体どう思ってるんじゃ。新のやつに何とか言ってやったらどうじゃ」と、小市に［ア］ってかかった。「言えと言うんなら、おらあ、いつでも言うぞ。ただ、言って、もし新のやつが、そんなら、おらあ、自分の考えてるようにさせてもらうわと開き［イ］ったら、どうするんじゃ。返す言葉があるかや。おれは思うんだが、新のやつにはふれないでおくに限る。ふれないでおけば、あいつだって伊勢の漁師のはしくれだ。帰

参考

文中に出てくることば

挙げ句の果て＝色々なことをして最後に行き着いた結果。

おぬし＝お前。

れるものなら、自分が生れた郷里《きょうり》へ帰りたくなかろうはずはない。うっかり変なことを言ってみろ、あいつは開き［イ］って来るぞ」

小市に言われると、九右衛門もだまるほかはなかった。じゅうぶんそういうことになりかねなかった。残り少ない仲間からもう一人の落伍者《らくごしゃ》を出すことは、だれにしてもさけたいことだった。さけたくあればこそ、九右衛門もがみがみ言いたくなるというものだった。

5 ④そういう小市や九右衛門の心の内を、新蔵の方はちゃんと見ぬいているらしく、⑤二人から二ーナのことでいやみでも言われると、

「おらあ、みんなのじゃまになるんなら、じゃまにならぬように、身のふり方を考えてもいいんだぞ」そんなことを言ったり、

「シトニコフんとこへ行って、相談にのってもらうか。あいつだけはおれのことを親身になって考えてくれる」などと言ったりした。

こんな場合に限って新蔵は庄蔵のことをロシア名で呼《よ》んだ。光太夫は必死になって帰国への望みにしがみついている九右衛門や小市もあわれに思えたし、とうとうこの国で果てることになった庄蔵もあわれに思えた。新蔵のことはたいして気にかけていなかった。ニー

ナとの噂《うわさ》が立ち、教会通いや二世たちとの往来《おうらい》が目立ち始めた頃《ころ》は、結局は庄蔵と一緒《いっしょ》に新蔵をも捨《す》てなければならなくなるだろうと考えていたが、いまはそう思っていなかった。新蔵には結構処世《しょせい》の才があって、仲間のうちでひとりだけ女を持ち、二世たちとも交際し、この国に居残るようになれば居残ってもいいという態勢を調えた上で、一方帰国のことは帰国のことで忘《わす》れていないところがあった。帰国できるようになれば、すぐその方に乗り替《か》えるだけの、才略もあり、若《わか》さから来る柔軟《じゅうなん》さも持っていた。

6 光太夫は隔日《かくじつ》か三日おきぐらいに、遠くにアンガラ川の湾曲部《わんきょくぶ》を望める丘《おか》の中腹《ちゅうふく》の病院に庄蔵を見舞ったが、ある時、それとなく新蔵のことを訊《き》いてみた。「新のやつも、お前さんにならって口シア正教に帰依するつもりじゃないのかな」光太夫が言うと、「なんの」と、庄蔵は大きく首をふった。「脚が二本満足にくっついていて、なんで異国の土になる決心がつきましょうに。新蔵は、自分では気付いていないが、時折、口に出して、おふくろさんを呼んでいる。ひとりごとを言ってる。注意してみなせ。よく、おっかと

参考

文中に出てくることば

二世＝日本からの漂流民の子孫。
才略＝人を出しぬこうとする計略。
隔日＝一日おき。
湾曲部＝弓のような形に曲がった所。

か、おっかさんとか、口の中で言っている。おふくろさんにくらべればもともとニーナなんて、とるに足らんもんでしょうが」

7 ⑥光太夫は聞いていて胸《むね》打たれるものを感じた。新蔵のためではなかった。新蔵にそのようなひとりごとを言う癖《くせ》のあることも初耳であったし、それはそれでじゅうぶん新蔵という人間を改めて考え直させるものを持ってはいたが、それよりそうした新蔵のことを語る庄蔵の語り口の中に、庄蔵自身の気持ちがはいっていることが感じられたからである。どこかに母親に対する己《おの》が思慕《しぼ》を、新蔵を借りて語っているようなところがあった。

8 それでなくてさえ、入院してロシア名を持ってからの庄蔵はしんとした静かな顔になっていた。庄のやつ、名を変えたら顔までロシア人になってしまったわ、そう小市が言ったことがあるが、ロシア人とは言わないまでも、確かに日本人の顔ではなくなっていた。うすい頬髭《ほおひげ》をのばし、静かに枕《まくら》の上にのせている面《おも》やつれした顔は、教会にかかげてある殉教者《じゅんきょうしゃ》の顔に似ていた。

9 磯吉はせっせと毎日ラックスマンの家に通っていた。ラックスマ

参考

文中に出てくることば

思慕＝思い慕《した》うこと。

殉教者＝信じる宗教のために生命を捨てる人。

ラックスマン

一七六六〜？　ロシア最初の遣日《けんにち》使節である、陸軍軍人アダム・キリロヴィチ・ラクスマンのこと。一七九二年、日本人漂流民大黒屋光太夫ら三名の送還《そうかん》を名目として、根室《ねむろ》に来航。翌年、松前《まつまえ》で幕府と通商交渉《こうしょう》におよんだが、長崎入港の許可証を得ただけで、通商は拒否《きょひ》された。

ンの仕事の手伝いをしたり、下僕《げぼく》のように下働きまでしていた。磯吉だけはひとりちがっていた。帰国のことは一切《いっさい》口にしなかった。じゅうぶん今の生活で満足しているように見えた。光太夫は、ラックスマンが四ヶ月に亘《わた》った長い調査旅行から帰ってきた頃から、帰国のことは考えないことにしていた。ラックスマンの手で三度目の帰国願いが提出されてからすでに八ヶ月近い日時が経過していた。何とか沙汰《さた》があるものなら、もうとうにあってしかるべきであった。小市や九右衛門の間にそれに関する話が持ち出されることがあったが、

⑦「まあ、年内いっぱい待ってみることじゃ。もともと年内いっぱい待つことにしてあるんだから、それまで待つべし」光太夫は言った。自分の言葉の持つ空疎《くうそ》さはやりきれなかったが、光太夫はそれに耐《た》えた。もし年内待って何の沙汰もなかったら、その時になって、仲間たち全部の身のふり方を考えればいいと思った。

（井上靖《いのうえやすし》『おろしや国酔夢譚《こくすいむたん》』より）

参考

文中に出てくることば

下僕＝男の召使《めしつか》い。

沙汰＝処置《しょち》についての知らせ。

空疎さ＝むなしさ。

井上靖（いのうえ・やすし）

一九〇七～一九九一　小説家。新聞記者から作家となり、新聞小説・歴史小説に新境地を開いた。『闘牛《とうぎゅう》』で芥川《あくたがわ》賞受賞。代表作に、『天平《てんぴょう》の甍《いらか》』、『敦煌《とんこう》』など。

問一　——線部①「残り少なくなっていた櫛の歯」とありますが、ここでは何をたとえて表現したものですか。本文中からそれにあたる七字の語句をそのままぬき出しましょう。

問二　——線部②「新のやつもあぶねえもんだ」とありますが、具体的にはどういうことを心配しているのですか。本文中のことばを用いて答えましょう。

問三　——線部③「そうさの」とありますが、この言葉には小市のどのような気持ちがこめられていますか。最も適当なものを次のア～エから選

びましょう。

ア ひどいことをしてしまった新蔵を軽べつする気持ち。

イ 九右衛門の言葉に同意したくないという気持ち。

ウ 新蔵の気持ちをだいたい理解しており、それ以上言いたくないという気持ち。

エ 新蔵への同情から、力ずくでも新蔵をもとの状態にもどそうとする気持ち。

□

問四　［ア］［イ］には、それぞれ漢字が一字入ります。その漢字を答えましょう。

ア	イ

問五　――線部④「そういう小市や九右衛門の心の内を、新蔵の方はちゃんと見ぬいている」とありますが、本文中から「小市や九右衛門の心の内」を最も的確に表現している一文をそのままぬき出し、その一文の最初と最後の五字を答えましょう。句読点も一字に数えます。

最初＝　　　　最後＝

問六　――線部⑤「二人から二ーナのことで……言ったりした」とありますが、ここには新蔵の、相反《あいはん》する姿勢《しせい》を見ることができます。本文中からそれにあたる二か所の語句を、そのままぬき出しましょう。ただし、一か所は二十五字、もう一か所は二十一字です。

参考

問六への対応

新蔵の心情は5段落《だんらく》に集約されていますから、5段落から探《さが》せば良いでしょう。

問七　――線部⑥「光太夫は聞いていて胸打たれるものを感じた」とありますが、光太夫はだれの、だれに対する思いに胸打たれたのですか。最も適当なものを次のア～エから選びましょう。

ア　新蔵の、母親に対する思い
イ　新蔵の、庄蔵に対する思い
ウ　庄蔵の、母親に対する思い
エ　庄蔵の、新蔵に対する思い

問八　――線部⑦「まあ、年内いっぱい待ってみることじゃ」とありますが、この時の光太夫の気持ちとして最も適当なものを、次のア〜エから選びましょう。

ア　帰国できることを強く信じて待とうと思っている。

イ　待とうと言ってはいるが、本当は帰国することがむずかしいと思っている。

ウ　帰国するためにできるだけ早く何とかしようと思っている。

エ　帰国できるまで決してあきらめないで待とうと思っている。

□

問九　本文の作者は井上靖です。次のア〜オから井上靖の小説を一つ選びましょう。

ア　坊《ぼ》っちゃん

イ　あすなろ物語

ウ　伊豆の踊子《おどりこ》

エ　銀河鉄道の夜

オ　蜘蛛《くも》の糸

第7章 詩

23 詩

解答 251ページ

詩とは、心で感じたことを、リズムのある言葉の形式で表現した、文学的文章です。近代に入ると、西洋文学の影響《えいきょう》を受けて、七音・五音を用いてリズムを作るという古典的な制約から解放され、新たに口語《こうご》自由詩による表現が数多く生まれることとなりました。

参考

散文詩
散文詩は、一般《いっぱん》の詩のように行分けをして書くのではなく、ふつうの文章のように書いている詩です。

1 次の散文詩《さんぶんし》を読んで、あとの問いに答えましょう。

1 大通り。裏《うら》通り。横丁《よこちょう》。路地。脇道《わきみち》。小道。行き止まり。寄り道。曲がり道。回り道。どんな道でも知っていた。

2 だけど、広い道はきらいだ。①広い道は、急ぐ道だ。自動車が急ぐ。おとなたちが急ぐ。広い道は、ほんとうは広い道じゃない。広い道ほど、子どものきみは肩身《かたみ》が狭《せま》い。ちいさくなって道の端《はし》っこをとおらなければならないからだ。広い道は、子どものきみには、いつも狭い道だった。

3 きみの好きな道は、狭い道だ。②狭ければ狭いほど、道は自由な道だった。下水があれば、きみはわざわざ下水のふちを歩いた。土手を斜《なな》めにすべりおちる道。それも、うえから下りるだけなんてつまらない。逆に上るんだ。走って上るなら、誰《だれ》だってできる。きみはできるだけゆっくり上る。ずりおちる。

4 白い石塀《いしべい》のうえも、道だった。注意さえすれば、自動車も犬もとおれない、それはきみと猫《ねこ》だけの安全な道だった。身体のバランスをうまくとって、平均台のうえを歩くときのように、きみは歩く。だが突然《とつぜん》きみは後ろから怒鳴《どな》られる。「どこを歩いているんだ。危《あぶ》ないぞ」。その声にびっくりして、おもわずバランスを崩《くず》して、きみはおちる。きみは不服だ。「危ないぞ」だなんて、いきなり、それも後ろから怒鳴るなんて、危ないじゃないか。しかし、二どと石塀のうえの道は歩かなかった。

5 何でもない道だったら、小石をきれい③に蹴《け》りながら歩いた。石を下水に落とさず、学校から家まで、誰にも邪魔《じゃま》されずに蹴りつづけてかえったのが、きみの最高記録だ。どんな石でもいいわけじゃない。④野球選手がバットケースからバットをえらびだすときのような目で、きみは小石を慎重《しんちょう》に拾う。丸くて平べったい石がいい。道をスーッと、かるくすべってゆく石がいい。気に入った石がきみの蹴りかたがまずくて下水に落ちると、きみは口惜しかった。

6 子どものきみは、道をただまっすぐに歩いたことなどなかった。右足をまえにだす。次に、左足をまえにだす。歩くってことは、その繰《く》りかえしだけじゃないんだ。第一それじゃ、ちっともおもしろくも何ともない。きみはそうおもっていた。こんどはこの道をこう歩いてやろう。⑤どんなゲームより、どんな勉強より、それをかんがえるほうが、きみにはずっとおもしろかったのだ。

7 いま街を歩いているおとなのきみは、どうだろう。歩くことが、いまもきみにはたのしいだろうか。⑥街のショーウィンドウに、できるだけすくなく歩こうとして、急ぎ足に、人混みのなかをうつむいて歩いてゆく、一人の男のすがたがうつる。その男が、子どものころあんなにも歩くことの好きだったきみだなんて、きみだって信じられない。

8 歩くことのたのしさを、きみが自分に失くしてしまったとき、そのときだったんだ。そのとき、きみはもう、一人の子どもじゃなくて、⑦一人のおとなになってたんだ。歩くということが、きみにとって、ここからそこにゆくという、ただそれだけのことにすぎなくなってしまったとき。

（長田弘《おさだひろし》『深呼吸《しんこきゅう》の必要』より）

参考

長田弘（おさだ・ひろし）一九三九〜二〇一五　詩人・評論家《ひょうろんか》。やわらかく、わかりやすい言葉で、本質的なことを語るスタイルが、今も多くの読者の心をつかんでいる。詩集『記憶《きおく》のつくり方』で桑原《くわばら》武夫《たけお》学芸賞、『世界はうつくしいと』で三好達治《みよしたつじ》賞、『奇跡《きせき》―ミラクル―』で毎日芸術賞を受賞。評論やエッセー、児童文学、翻訳《ほんやく》なども数多く手がけた。

問一　――線部①の自動車が急ぎ、おとなたちが急ぐ「広い道」とは、何のために移動する道ですか。漢字二字で答えましょう。

問二　――線部②「狭ければ狭いほど、道は自由な道だった」とありますが、それはどうしてですか。考えて答えましょう。

問三　――線部③「きれいに」は、どういう意味で使われていますか。次のア～エから同じ意味で使われているものを選びましょう。

ア　山盛《やまも》りのごはんをきれいにたいらげた。
イ　パーティのために部屋をきれいに飾《かざ》りつける。
ウ　低めのボールをきれいに打ち返した選手。
エ　体はいつもきれいに保つようにしましょう。

問四　――線部④「野球選手がバットケースからバットをえらびだすときのような目」とは、何のどんな様子をたとえていますか。

問五　――線部⑤「どんなゲームより、どんな勉強より、それをかんがえるほうが、きみにはずっとおもしろかったのだ」とありますが、それはなぜですか。次のア～エから最も適当なものを選びましょう。

ア　歩くということが、人間にとって楽しいものだから。
イ　自分で考えてつくりだすという自由があるから。
ウ　勉強がどうしても好きになれないから。
エ　道にはいろいろな楽しみ方があるから。

問六　――線部⑥のようなすがたに「きみ」がなってしまったのは、「きみ」にとって歩くということが、どういうものになってしまったからですか。「～もの。」で終わるように、文中のことばを用いて答えましょう。

問七　――線部⑦について、おとなになるということは、どういう人になることを意味しているのですか。「～人。」で終わるように、考えて答えましょう。

2 次の詩と解説文を読んで、あとの問いに答えましょう。

生命《いのち》は　吉野《よしの》　弘《ひろし》

生命は
自分自身だけでは完結できないように
つくられているらしい
花も
めしべとおしべが揃《そろ》っているだけでは
不充分《ふじゅうぶん》で
虫や風が訪《おとず》れて
めしべとおしべを①仲立ちする
生命は
その中に欠如《けつじょ》を抱《いだ》き
それを②他者から満たしてもらうのだ

参考

文中に出てくることば
欠如＝欠けていること。

12 世界は多分

13 他者の総和

14 しかし

15 互(たが)いに

16 欠如を満たすなどとは

17 知りもせず

18 知られもせず

19 ばらまかれている者同士

20 無関心でいられる間柄(あいだがら)

21 ときに

22 うとましく思うことさえも許されている間柄

23 そのように

24 世界がゆるやかに構成されているのは

25 なぜ？

26 花が咲(さ)いている

すぐ近くまで
虻《あぶ》の姿《すがた》をした他者が
光をまとって飛んできている

③私も　あるとき
誰かのための虻だったろう

あなたも　あるとき
私のための風だったかもしれない

〔解説文〕

1 私は、花が受精する際に、花以外のものの力を借りるという仕組みに、新鮮《しんせん》な驚《おどろ》きをおぼえたのです。つまり、楽な受精法を避《さ》けて、虫とか風などに頼《たよ》るめんどうな受精法を選んでいるわけで、言ってみれば、受精という大切な行為《こうい》の過程に、虫とか風とか水など、花の思いどおりにはならない「他者」④を介入《かいにゅう》させるわけです。

2 ちょっと不思議です。これは何かあるな、と思って少し調べてみました。なぜ、めしべとおしべの間に距離《きょり》を置き、なぜ、虫や風に受精の仲立ちをもとめるのかがわかりました。

3 めしべがおしべの花粉を受ける「受粉」には自家受粉と他家受粉があります。自家受粉はめしべが同じ花の中のおしべの花粉を受けることと、他家受粉は、めしべが、別の花（同じ株《かぶ》の隣花《りんか》、もしくは異《こと》なる株の花）の花粉を受けることです。そうして、花が〔A〕をできるだけ避け、〔B〕を求めるということがわかったのです。

4 自家受粉は種族の繁殖《はんしょく》によくないのだそうです。もちろん、自家受粉によって繁殖するものもありますが、植物は全体として、他家受粉の方向をとっています。芙蓉《ふよう》の花の長いめしべ、そのめしべに距離《きょり》を置いているおしべ、その仕組みの理由は、この他家受粉志向の形だったのです。

5 私の想像ですが、生命というものは、自己《じこ》に同意し、自己の思いどおりにふるまっている末には、ついに衰滅《すいめつ》してしまうような性質のものな

参考

文中に出てくることば

介入＝当事者以外の者が間に入り込むこと。

自家受粉＝花粉が、同じ個体にあるめしべの柱頭につくこと。同一の花の中で起こる受粉を自家受粉という。

他家受粉＝ある花の花粉が他の個体の花のめしべについて受粉が行われること。

繁殖＝数が増えること。

衰滅＝衰《おとろ》え滅《ほろ》びること。

のではないでしょうか。その安易な自己完結性を破る力として、ことさら、他者を介入させるのが、生命の世界の維持《いじ》原理なのではないかと思われます。

6 もしも、このような生命観が見当違《ちが》いでないとすれば、生命体はすべてその内部に、それ自身だけでは完結できない「欠如」を抱いており、その欠如を「他者」によって埋《う》めるよう、自己を運命づけている、と言うことができそうです。

7 他者なしでは完結することのできない生命、そして、おたがいがおたがいにとって必要な他者である関係、これは、もしかしたら生命の世界の基本構造なのではないか――これが、私の帰結だったのです。

8 いうまでもなくこの構造は人間をふくんでいます。つまり私も、あるとき、ある人にとっての虻《あぶ》や蜂《はち》や風であり、ある人の幸・不幸の結実を知らずに助けたり、また私の見知らぬ誰かが、私の結実を助けてくれる虻や蜂や風なのです。

9 この「他者同士」の関係は、おたがいがおたがいのための虻や風であることを意識しない関係です。ここがいいのです。⑤他者にたいして、

参考

文中に出てくることば

帰結＝結論《けつろん》。

結実＝結果が実ること。

一々、礼を言わなくてもいい。恩《おん》に着せたり、また、恩に着せられたりということがありません。

⑩ 世界をこのように作った配慮《はいりょ》は、実に巧妙《こうみょう》で粋《いき》なものだと私はつくづく思います。ひとつの生命が、自分だけで完結できるなどと万が一にもうぬぼれないよう、すべてのものに欠如を与《あた》え、欠如の充足《じゅうそく》を他者にゆだねた自然の摂理《せつり》の妙《みょう》を思わないわけにはいきません。私は今日、どこかの誰《だれ》かが実るための虻だったかなと想像することは、楽しいことだと思うのですが、どうでしょうか。

（吉野弘《よしのひろし》『詩の楽しみ』より）

問一 ――線部①「仲立ちする」とは、具体的にはどういうことを言っていますか。解説文を読んで十字以内で答えましょう。

参考

文中に出てくることば

自然の摂理の妙＝自然の仕組みがじつに見事にできていること。

吉野弘（よしの・ひろし）

一九二六〜二〇一四 詩人。帝国《ていこく》石油に入社し、戦後労働組合運動に従《じゅう》事《じ》するが過労でたおれ、療養《りょうよう》中に詩をかく。詩《し》誌《し》『櫂《かい》』に参加。第一詩集『消息《しょうそく》』では、やさしい日常的表現のなかに残酷《ざんこく》な真実を明確にとらえた。『感傷《かんしょう》旅行』で読売《よみうり》文学賞、『自然渋滞《じゅうたい》』で詩歌文学館賞を受賞。

問二　――線部②「他者」とは、花の場合は何にあたりますか。詩の中から二つぬき出しましょう。

問三　――線部③「私もあるとき誰かのための虻だったろう」とは、どういうことを言っているのですか。解説文を読んで、できるだけわかりやすい言葉で説明しましょう。

問四　作者が、この詩を書くきっかけとなったことがらはどういうことでしたか。そのことがよくわかる文の最初の五字をぬき出しましょう。句読点も一字に数えます。

問五　――線部④「『他者』を介入させる」とありますが、なぜそうさせるのですか。その理由がよくわかる部分をさがし、「から。」につながる形で十五字でぬき出しましょう。

から。

問六　〔A〕〔B〕にあてはまる語句を、それぞれ解説文の中からぬき出しましょう。

A	B

問七　――線部⑤「他者にたいして、一々、礼を言わなくてもいい」とありますが、その理由を花と虫にたとえて説明するとどのようになりますか。次のア～エから最も適当なものを選びましょう。

ア　花は虫に自分の花粉を運ばせるようにしむけているから。
イ　虫はもっぱら花のミツを吸《す》うことに専念《せんねん》する性質だから。
ウ　虫が花粉を運ぶのは、当然そうしなければならないことだから。
エ　虫は気づかぬうちに、自然と花粉を運んでいるだけだから。

問八　作者がこの詩を通して言いたかったこととして、あてはまる内容には○を、あてはまらないものには×を書きましょう。

ア　花だけではなく人間も、自己中心的な生き方をすることは良くない。

イ　自分一人だけでは生きていけないのが人間であり、すべての他者に対して恩を感じる必要がある。

ウ　他者なしには完結できないという生命の世界は、生物が長い年月をかけて作り上げてきたものである。

エ　自分ばかりが他者を必要としているのではなく、自分もまただれかの他者として必要な存在《そんざい》となっている。

ア	イ	ウ	エ

参考

内容正誤《せいご》問題への対応

問八のような問題は、全体の内容をふまえたうえで、消去法で答えをしぼりこみます。改めて課題文と見比べながら、各選《せん》択肢《たくし》の、課題文と食いちがう箇所《かしょ》をチェックして下さい。

第1章　ことばと漢字

① かなづかいと送りがな　4ページ

1
①ずいぶん　②せんとう　③こおり　④おとうさん
⑤みそづけ　⑥どおり　⑦こづつみ　⑧ちかぢか
⑨いちじく　⑩いう　⑪ぼくはね　⑫すずしい
⑬とおい　⑭はずかしい　⑮（一本）ずつ　⑯おおい
⑰近づいた　⑱改めて　⑲喜び　⑳群がって
㉑営んで　㉒率いて　㉓確かめた　㉔志す
㉕行われる　㉖向かって　㉗転がって

2
①快い　②暖かい　③細かい　④必ず　⑤連なる　⑥調える
⑦省みる　⑧健やか　⑨勇ましい　⑩補う　⑪短い　⑫承る
⑬少ない　⑭著しい　⑮試みる　⑯誤る　⑰潔い　⑱分かれる
⑲冷える　⑳捨てる　㉑交わる　㉒険しい　㉓逆らう　㉔変わる
㉕辺り　㉖過ごす　㉗最も　㉘混じる　㉙従う　㉚用いる
㉛起きる　㉜直ちに　㉝幸せ　㉞自ら

② 国語辞書の使い方

11ページ

1 「道」ア 4　イ 7　ウ 5
「軽い」ア 2　イ 7　ウ 5

2 ①ウ　ア　エ　イ
②ア　ウ　エ　イ
③ア　エ　イ　ウ　解説 ウは「けだか（い）」と読みます。
④オ　エ　ア　ウ　イ
⑤オ　エ　ア　ウ　イ
⑥エ　ウ　ア　イ
⑦イ　ウ　エ　ア
⑧ウ　ア　イ　エ
⑨ア　イ
⑩イ　ア　ウ　エ
⑪イ　ウ　ア　エ
⑫エ　ア　イ　ウ

3 ①エ　②サ　③イ　④コ　⑤ク　⑥オ　⑦ア　⑧キ　⑨カ

③ 熟語の読み方と漢字の成り立ち　16ページ

1
①ア　②イ　③エ　④ア　⑤ウ　⑥エ　⑦ウ　⑧ア
⑨エ　⑩ア　⑪ウ　⑫エ　⑬イ　⑭イ　⑮ア　⑯ウ
⑰ア　⑱ウ　⑲ア　⑳エ　㉑イ　㉒エ

2
ア　きょうだい　イ　しょうに　ウ　じょうじゅ　エ　じゅみょう
オ　ようい　カ　くどく　キ　いっさい　ク　すいとう
ケ　けいだい　コ　しょうじん　サ　るす　シ　りょうし
ス　るふ　セ　そうさい　ソ　ごんげ　タ　ほんもう
チ　みょうじょう　ツ　ついじゅう・ついしょう　テ　しょうぶん
ト　いっつい　ナ　いと　ニ　いんしょう　ヌ　うむ
ネ　うもう　ノ　えしゃく　ハ　ぶしょう　ヒ　へいぜい
フ　ようじょう　ヘ　よきょう　ホ　るいじ　マ　かいが
ミ　しない　ム　なこうど　メ　のら　モ　はっと
ヤ　もめん　ユ　きんもつ　ヨ　ひより　ワ　ふぜい
ヲ　ゆうぜい　ン　なごり

④ 熟語の組み立て

1 ①ウ・ク ②ア ③エ ④カ ⑤イ・キ ⑥オ

2 ①ア ②イ ③イ

3 ①カ ②エ ③ア ④ウ

4 ①キ ②ア ③オ ④イ ⑤カ
⑥エ ⑦ウ ⑧ア ⑨ウ ⑩イ **解説** ⑤は、字や組み立てに関係なくその語特有の意味を持つ熟語です。

5 ①ウ ②エ ③ウ ④イ ⑤エ
⑥イ ⑦エ ⑧ア ⑨イ ⑩ア **解説** ③の「入試」は「入学試験」、「選管」は「選挙管理」、「国連」は「国際連合」を略したものです。

6 ①ウ（主従《しゅじゅう》） ②シ（貸借《たいしゃく》） ③エ（需給《じゅきゅう》） ④ケ（有無《うむ》）
⑤サ（正誤《せいご》） ⑥コ（公私） ⑦キ（難易《なんい》） ⑧ア（興亡《こうぼう》）
⑨ク（単複《たんぷく》） ⑩カ（利害） ⑪イ（陰陽《いんよう》） ⑫オ（虚実《きょじつ》）

7 ①ウ ②イ ③ア ④エ ⑤ウ ⑥イ ⑦イ ⑧ア

8 ①ウ ②イ ③ウ ④ア ⑤エ

⑤ 反対語と同義語

24ページ

1 ①ク　②シ　③キ　④イ　⑤コ　⑥カ　⑦セ　⑧エ
⑨ア　⑩ケ　⑪オ　⑫ウ　⑬サ　⑭ス　⑮ソ

2 ①危険　②供給　③平等　④生産　⑤延長

3 ①ア・エ　②イ・エ　③ウ・エ　④ア・ウ　⑤イ・ウ
⑥ウ・エ　⑦ア・エ　⑧ウ・エ　⑨ア・エ　⑩ア・イ

4 ①ア・ウ　②ア・エ　③ア・イ　④イ・ウ　⑤ウ・エ
⑥イ・エ　⑦イ・ウ　⑧ア・イ　⑨ア・エ　⑩ア・ウ

5 ①現物・エ　②書面・イ　③冷気・カ　④親切・ク　⑤困難・ア
⑥主要・コ　⑦所有・オ　⑧志願・キ　⑨処置・ウ　⑩誠意・ケ

⑥ 四字熟語

29ページ

1 (最も一般的なものを解答としています。)
①一・一（いっしんいったい）　②臨・応（りんきおうへん）
③引水（がでんいんすい）　④喜・楽（きどあいらく）
⑤心（いっしんふらん）　⑥四・八（しくはっく）

⑦前代（ぜんだいみもん）
⑨応答（しつぎおうとう）
⑪言・道（ごんごどうだん）
⑬老若（ろうにゃくなんにょ）
⑮一・一（いっきいちゆう）
⑰険・号（きけんしんごう）
⑲風月（かちょうふうげつ）
㉑思（いしひょうじ）
㉓実行（ふげんじっこう）
㉕天・延（うてんじゅんえん）
㉗末節（しようまっせつ）
㉙部・終（いちぶしじゅう）
㉛投（いきとうごう）
㉝在（じゆうじざい）
㉟春（こはるびより）
㊲無人（ぼうじゃくぶじん）

⑧一夕（いっちょういっせき）
⑩満・一（まんじょういっち）
⑫同・異（だいどうしょうい）
⑭絶体（ぜったいぜつめい）
⑯種・様（たしゅたよう）
⑱七・八（しちてんはっき）
⑳伝心（いしんでんしん）
㉒青天（せいてんはくじつ）
㉔全無（かんぜんむけつ）
㉖存・争（せいぞんきょうそう）
㉘一・二（いっせきにちょう）
㉚一・秋（いちじつせんしゅう）
㉜霧中（ごりむちゅう）
㉞代（いっせいちだい）
㊱四温（さんかんしおん）
㊳無私（こうへいむし）

㊴果・報（いんがおうほう）　㊵三・五／々・々（さんさんごご）

2（最も一般的なものを解答としています。）

①一望千里　②一長一短　③四苦八苦　④八方美人　⑤二束三文《にそくさんもん》

⑥三寒四温　⑦三三五五《さんさんごご》　⑧一挙両得　⑨千変万化　⑩千差万別

⑪九死一生　⑫再三再四　⑬七転八起　⑭十人十色《じゅうにんといろ》

3①周　②不　③捨　④針　⑤転　⑥賛　⑦疑

⑧集　⑨未　⑩得　⑪尾　⑫耳

4①異口同音　②馬耳東風　③一朝一夕　④単刀直入　⑤前代未聞

⑥一言半句　⑦以心伝心　⑧大同小異　⑨一心不乱　⑩我田引水

⑪空前絶後　⑫自業自得　⑬広大無辺　⑭右往左往　⑮大器晩成

5①不言実行　②有名無実　③自画自賛　④絶体絶命　⑤電光石火

⑥無我夢中　⑦日進月歩　⑧一進一退　⑨起死回生　⑩一部始終

⑪完全無欠　⑫半信半疑　⑬文明開化　⑭公平無私　⑮多種多様

6①一石二鳥　②弱肉強食　③公明正大　④付和雷同　⑤南船北馬

⑥精進料理　⑦因果応報　⑧心機一転　⑨適材適所　⑩悪口雑言

⑪平身低頭　⑫臨機応変　⑬針小棒大　⑭言語道断　⑮晴耕雨読

⑦ 同音異義語・同訓異義語

42ページ

1

① ア 対称 イ 対照 ウ 対象
② ア 寒心 イ 関心 ウ 歓心 エ 感心
③ ア 異議 イ 意義
④ ア 解放 イ 快方 ウ 開放
⑤ ア 機関 イ 器官 ウ 気管
⑥ ア 指示 イ 支持 ウ 師事
⑦ ア 機会 イ 器械 ウ 機械
⑧ ア 異動 イ 異同 ウ 移動
⑨ ア 追及 イ 追究 ウ 追求
⑩ ア 保証 イ 保障
⑪ ア 検討 イ 見当
⑫ ア 野生 イ 野性
⑬ ア 収集 イ 収拾
⑭ ア 成算 イ 清算 ウ 精算
⑮ ア 所用 イ 所要

2
①ア 収める　イ 納める　ウ 修める　エ 治める
②ア 測る　イ 量る　ウ 計る　エ 図る
③ア 勤める　イ 務める　ウ 努める
④ア 移す　イ 写す　ウ 映す
⑤ア 著す　イ 現す　ウ 表す
⑥ア 整える　イ 調える
⑦ア 利き　イ 効き
⑧ア 望む　イ 臨む
⑨ア 裁つ　イ 経つ　ウ 絶つ　エ 断つ
⑩ア 究める　イ 極め
⑪ア 交じって　イ 混じり
⑫ア 継ぐ　イ 接ぐ　ウ 次ぐ

⑧ ことわざ・慣用句・故事成語

51ページ

1
Aの（　）＝ 鼻　①エ　②オ　③カ　④ウ　⑤ア　⑥イ
Bの（　）＝ 目　①ク　②イ　③ウ　④ケ　⑤オ

⑥キ　⑦エ　⑧ア　⑨カ

Cの（　）＝手　①オ　②イ　③ア　④ウ　⑤エ

Dの（　）＝足　①ウ　②カ　③オ　④エ　⑤イ　⑥ア

Eの（　）＝顔　①イ　②ア　③オ　④エ　⑤ウ

Fの（　）＝肩《かた》　①エ　②イ　③ウ　④ア

2
①オ　②キ　③サ　④チ　⑤ア　⑥ケ
⑦ウ　⑧カ　⑨ソ　⑩ク　⑪イ　⑫ツ
⑬コ　⑭タ　⑮エ　⑯セ　⑰ス　⑱シ

第2章　文法

⑨ 文・文型・文の組み立て・主語と述語・修飾語と被修飾語

62ページ

1 （解答は主語・述語の順）

①保護者会が・あるそうだ　②弟は・遊ぶ　③ゆうこは・出会った

④さくらも・反対した　⑤君こそ・人だ　⑥だれも・いない

⑦×・かけ出した　⑧×・見ました　⑨おこったのは・言うからだよ

⑩両親さえ・しない　⑪×・思います　⑫会ったのは・日だった

⑬カバンは・×

2
①ウ ②イ ③ア ④ウ ⑤ウ
⑥ア ⑦ア ⑧イ ⑨ウ ⑩ア

3
①ウ ②ア ③イ ④ア ⑤イ ⑥ウ
⑦ア ⑧イ ⑨イ ⑩ア ⑪ウ

⑩ 品詞分類

67ページ

1
①カ ②ク ③ウ ④コ ⑤エ
⑥キ ⑦ケ ⑧ア ⑨オ ⑩イ

2
①ウ ②イ ③ア ④オ ⑤エ
⑥ア ⑦エ ⑧ウ ⑨イ ⑩エ
⑪エ ⑫ウ ⑬ア ⑭イ ⑮エ
⑯オ ⑰ウ ⑱ウ ⑲ア ⑳エ
㉑オ ㉒エ

⑪ 助動詞・助詞　72ページ

1 ①イ　②エ　③ア　④ウ　⑤エ　⑥ウ　⑦ウ　⑧イ　⑨ア　⑩エ

⑫ 可能動詞・自動詞・他動詞　76ページ

1 ①行ける　②書ける　③×　④運べる　⑤許せる
⑥×　⑦だませる　⑧×　⑨救える　⑩喜べる
⑪×　⑫×　⑬預かれる　⑭×　⑮費やせる

2 ①×・助かる　②○・集める　③○・止める　④○・燃やす
⑤○・決める　⑥×・こもる（例：心をこめる・心がこもる）
⑦×・伝わる　⑧×・授かる　⑨×・増える　⑩○・負かす
⑪○・晴らす（例：疑《うたが》いが晴れる・疑いを晴らす）　⑫○・生かす
⑬×・外れる　⑭×・見える　⑮×・改まる

⑬ 品詞・語の識別　80ページ

1 ①ウ　②ウ　③ウ　④ア　⑤イ

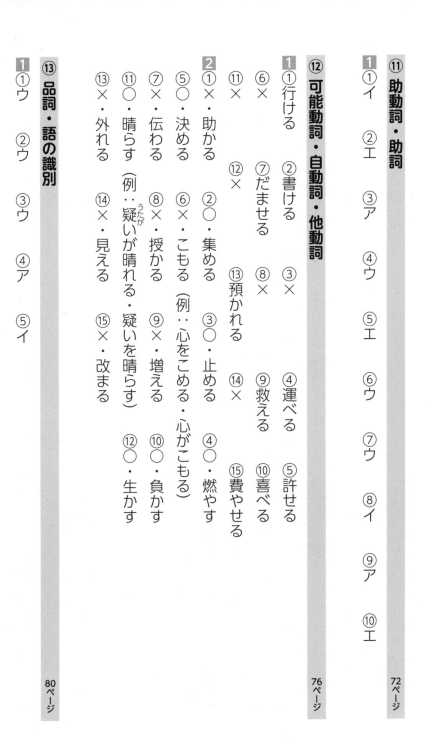

第3章　古典

⑭ 文学史　82ページ

1 古事記

2 時代＝ア　人物＝カ

3 エ

4 A　イ　B　ウ

5 ①エ　②ウ　③ア　④オ　⑤イ

⑮ 短歌・俳句　85ページ

1 **問一**　あ　五　い　七　う　五　え　七　お　七　か　みそひともじ

問二　A　東　B　あけがたの光　C　月　D　しずみかけようとしている

E　さやかに

問三　①キ　②ア　③イ　④サ　⑤ス　⑥ア　⑦ソ　⑧エ

問四　ア

2 **問一**　A　ア　B　ウ

問二　C　や　D　かな　E　けり

問三　また、一句の
問四　1（季語）五月雨　3（季語）大ぼたる
問五　(例) 字余りである点／切れ字がない点
問六　A 2　B 1
問七　1

⑯ 古典芸能

94ページ

1 問一　登場人物
問二　うそつき
問三　ひとりごと
問四　ト書き
問五　ア
問六　イ
問七　釣りざお
問八　楠の木の下
問九　エ　解説 ※彦市は、ただの釣りざおを遠眼鏡だといつわって、天狗の子をだまし、天狗の子の隠れ蓑と交換《こうかん》してしまおうと企《たくら》んでいます。だからこのせりふも、いかにもわざとらしく「うーん、困《こま》ったなあ……」という感じで、まじめくさって言うのが、ふつうの演じ方でしょうね。そのように言えば、天狗の子はだまされてますます「遠眼鏡」に興味を持つでしょうから。問六の傍線《ぼうせん》部Gも、演技者に対して、同様のわざとらしさが求められるところでしょうね。

問十 イ

問十一 1 ウ　2 イ　3 ア　4 エ　5 ア

問十二 (例) 彦市が天狗の子の隠れ蓑を得意のうそでだましてまんまと手に入れた。

第4章　説明的文章

⑰ 説明的文章（1）

106ページ

1

○意味段落《だんらく》分け

【問　い】(ヴィタミンはどのようにして日本人に普及《ふきゅう》したか？　そこにどんな問題があるか？)

【答えA】ヴィタミンは薬品好きの日本国民に普及した　1

【答えB】ヴィタミンは壊血病予防の経験から発見された　2～9

【答え´A´】日本国民はヴィタミンだけをとっても本末転倒である　10～12

○解答

問一　ア　意外　イ　元祖　ウ　航海　エ　画期　オ　余地

問二　オ　解説　意味段落分けから、現代日本の話題は10～12段落で再び取り上げられており、「これで栄養は満点、と思っている人」に対して筆者が「本末転倒」とあきれていることがわかります。

問三　（例）それらの栄養素以外にも人体には必要なもの

問四　壊血病

問五　（例）ヴィタミンの不足（「新鮮な野菜の不足」も可）

問六　A＝**（例）今の医学生**

B＝**（例）あまりにもたくさんの種類のヴィタミンを暗記しなくてはならない**

問七　本＝**（例）ガソリンにあたる栄養素**　末＝**（例）潤滑油のようなものであるヴィタミン**

問八　ザラザラと総合ヴィタミン薬をのどから流しこみ（、）　解説　意味段落分けから、現代日本人の薬の飲みすぎについては、すでに予告編のように、1段落でふれていたことがわかります。

2

○意味段落分け

【根拠《こんきょ》1】人々は虚のことばと実のことばを結びつけたがる　1～4

【根拠2】嘘の世界を作る人間は、再現能力では機械にかなわない　5～8

【問　い】(そんな時代に文化はどうすべきか?)

【答　え】すぐれて人間的なことばの面(高度な嘘をつく能力)に注目すべし　9・10

○解答

問一　イソップ(アイソーポス)

問二　2

問三　②対象の忠実なコピー　③現実の裏付けのないことば　解説　ぬき出し問題ですので、どの段落からぬき出すかという方針《ほうしん》を立てます。意味段落分けから、「虚のことば」と「実のことば」について、よりくわしい説明がなされているのは5～8段落だろうと見当をつけます。この意味段落をさらに細かく分けると、5・6段落が、再現能力の低い(そのかわり想像力を持つ)人間について、7・8段落が、再現能力の高い機械について述べています。そこで、「虚のことば」については5・6段落から(ただし1段落にも同じ記述があります)、「実のことば」については7・8段落から、解答を探《さが》します。

問四　（例）少年の嘘は現実と無関係のもの（現実の裏付けがないもの）だが、作家の嘘は現実と結びついた（現実と等しい）ものだから。

解説　少年の嘘については1段落に、「現実と無関係である」「現実の裏付けのない」とあります。作家の嘘については3段落に、「読者はとかく現実の人間と結びつけたがる」「実のことばと等しいものと考える」とあります。これらを字数に合うようにまとめれば良いでしょう。

問五　いもしない人間をいかにも生き生きと描き出す（様式）

問六　芸がなさすぎる（から。）

問七　嘘をつくこと（「嘘のことばの活動」も可）

解説　傍線部の直後の「嘘をつくこと」、「ことばのためにことばを使う機能」が、「機械にはどうしてもできない」ことばの働きをとらえていることは明らかです。6段落から「嘘のことばの活動」を選んでも良いでしょう。

問八　エ

問九　ア　招来　イ　関心　ウ　観点

問十　9

解説　意味段落分けから、結論（答え）は9・10段落であることがわかります。これらのうち、問いと答えが集約されているのは9であり、10は9を補足《ほそく》する内容になっています。

⑱ 説明的文章（2）

122ページ

1

○意味段落《だんらく》分け

【問　い】（日本人の道具に対する姿勢《しせい》はどのようなものか？）

【根拠《こんきょ》1】簡単で効率的な風呂敷　1〜8

【根拠2】様々に使い分けられる手ぬぐい　9〜11

【根拠3】使いこなしてきたはし　12・13

【根拠4】風呂敷・手ぬぐい・はしへの愛着　14

【答　え】西洋人と日本人の道具に対する姿勢のちがいはおもしろい　15

○解答

問一　A　イ　C　オ

問二　**（例）大きいものでも小さいものでも伸縮自在でひとつにまとめて包むことができるから。**

（例）衣服を包んだり、床にしいたり、いろいろな使い方ができるから。（簡単な一枚の布を、様々に使い分けることができるから。）

解説　傍意味段落分けから、1〜8段落に、二つの解答があると見当をつけます。12段落にも風呂敷についての記述がありますので、そちらから一つの解答を作成することもできますね。

問三　手

問四　簡単で、な　～　うのです。

解説　傍線部の直前の「理想とする～と思います。」を、同じ段落の中で、もっとわかりやすく述べている一文へとさかのぼります。

問五　ア

問六　江戸時代に

解説　「風呂敷」「ひらづつみ」の働きとは、大小さまざまな物をひとつにまとめて包む（6段落）ことですから、「ひらづつみ」の方が、その働きをよく表していることになります。そこで、初めて「ひらづつみ」が出てきた文（7段落）の直後に置けば、「この名前の方が～」とうまく続きます。

問七　（例1）一つのものを様々に使い分けられること。

（例2）誰のものかが区別されていること。

解説　12段落と14段落に三者の共通点が書かれていますので、どちらかを、字数に合うようにまとめます。この文章のテーマ（問い）への答えとしては、12段落の内容の方が重要でしょうから、どちらか迷ったら12段落を選んでおけば良いでしょう。

2

○意味段落分け

【問　い】欧米からきたセイヨウミツバチに対して、ニホンミツバチは消滅するのか？　1～3

【根拠《こんきょ》1】低温でも活動できる受粉昆虫として、復権のきざしがある　4～7

【根拠2】ニホンミツバチは、セイヨウミツバチには弱く、スズメバチには強いから、人里に少なくなった　8～17

【答　え】ニホンもセイヨウもスズメバチも、消滅はまぬがれそうである　18

○解答

問一　ア　セイヨウミツバチ　イ　貸しバチ業　ウ　(例) ニホンミツバチが人里に少なくなり、セイヨウミツバチが山に住めないという事情。

問二　ニホンミツバチ　蜜を集める能力＝(例) ある程度集めると熱心でなくなる。
ハチとしての性質＝(例) 野生の性質を残す。低温でも活動できる。
セイヨウミツバチ　蜜を集める能力＝(例) 蜜集めの能力は高い。
ハチとしての性質＝(例) 繁殖力があり、定着性がある。低温では活動できない。

問三　(例) 消滅だけはまぬがれることができそうだ。

問四　①（例）ニホンミツバチが人間（養蜂家）に見捨てられたこと。（ニホンミツバチが人間に家畜昆虫として選ばれなくなったこと。）
②（例）ニホンミツバチよりセイヨウミツバチのほうが家畜昆虫としての性質が勝るから。
問五　①（例）ニホンミツバチが人里に少なくなったこと。
②（例）セイヨウミツバチがニホンミツバチの巣から手当たり次第に蜜を盗んでしまったから。
問六　セイヨウミツバチ＝（例）スズメバチがくると次から次へと単独で無計画におそいかかろうとする。
ニホンミツバチ＝（例）スズメバチに集団でおそいかかり、スズメバチを中心に群がって「蜂球」を作り、発熱によって相手を熱死させてしまう。
問七　A　ニホンミツバチ　B　スズメバチ　C　セイヨウミツバチ
問八　（例）ニホンミツバチとスズメバチは山に住み、セイヨウミツバチは人里に住んでいること。
解説　8段落が解答の内容となります。

⑲ 随筆（1）

146ページ

1

○意味段落《だんらく》分け

【体験1】女学校で親もとを離れた私が受け取った、暴君で照れ性でもあった父からの、威厳と愛情にあふれた手紙　1～6

【体験2】疎開した下の妹からの、大マルが書かれた手紙　7～10
手紙のマルがバツに変わり、妹が帰った日、父が泣くのをはじめて見た私　11～15

【印　象】父は亡くなり、妹は当時の父に近い年になり、あれ以来字のない葉書を私は見ていない（歳を重ねた今、家族を愛した父をしみじみと思い出す）　16

○解答

問一　父の書いた手紙（文面）

問二　⑴（例）娘を心配する、威厳と愛情にあふれた父親
⑵（例）かんしゃくを起こして母や子供たちに手を上げる暴君

問三　○や×（マルやバツ）

問四　1　ウ　2　ア　3　エ　4　イ

問五　イ　解説　14段落に「これくらいしか妹を喜ばせる方法がなかったのだ。」とあります。7段落に、終戦の年の四月に疎開に出たとありますので、この帰宅時点では七月ですから、まだ戦争は終わっていません。15段落「防火用水桶の前で」とあるところからも、まだ空襲が続いているさなかの帰宅であったことがわかります。

問六　（例）愛情深い人間味のある（父）

2

○意味段落分け

【印象1】自分の環境を、自分にとってよい環境にできるのが上等だ　1〜5

【印象2】迷うのはよいことだし、人の意見を参考にするのもよいが、その意見に従うのは自分の責任だ　6〜10

【印象3】忠告をする側も、相手の自己責任だけは確認しておいたほうがよい　11・12

○解答

問一　A　イ　B　エ　C　ア

問二　（例）自分よりよい子も、さらによい子を友だちにしようとしているので、自分はその子とは友だちになれないことになるから。

問三　ウ

問四　③ア　④エ
問五　（例）自分のいる場所に、たえず不満を持ってしまうような考えでいるから。
問六　イ
問七　自分の人生
問八　人間はみな　解説　12段落の最後に「それで、判断を代わってくれる人が尊敬されやすい。」と書かれています。ここが解答の手がかりとなります。
問九　ウ
問十　ア×　イ×　ウ○　エ×　解説　5段落に「いつもよい場所を求めるというのは、一見は『向上心』がありそうに見えるが、その実は欲求不満にすぎなかったりする。」とありますので、アは×。8段落に「その他人の意見に従うにしても、その意見に従うことを選んだのは自分の責任だ、ということだけは確認したほうがよい。」とありますので、イは×。11段落の内容と合致《がっち》するのでウは○。エの前半は12段落の内容と合致しますが、「他人のことは平気で言える。」ではなく、「判断を代わってくれる人が尊敬されやすい。」が筆者の言いたいことなので、エは×。

⑳ 随筆（2）

165ページ

1

○意味段落《だんらく》分け

【体験1】ことばのくりかえしがよくない文章の例 1～6
書き直した文章の例 7～10

【体験2】佐々木邦さんに教わったこと 11～12

【印　象】同じことばのくりかえしをさけるのは、重大なことである 13

○解答

問一　ア　短い　イ　改め　ウ　難しい　エ　用い

問二　イ

問三　重大なこと　解説 13段落から。

問四　エ

問五　同じことばのくりかえし　解説 13段落から。

問六　（例）よく書けています。

問七　（例）食後のやかんを湯飲み場に返すことです。

㉑ 物語（1）　172ページ

1

○基本設定

人物＝ぼく・寅吉じいさん

時間＝現代

場所＝村

○意味段落《だんらく》分け

【発《ほっ》端《たん》】銀林荘の離れに座敷わらしが出るという寅吉じいさんの話　1～5

【展《てん》開《かい》】信じられないようなことをこそ、信じなければならないという気持ちになっていたぼく　6～10

○解答

問一　**ぼくが自分で座敷わらしが実際にいると（信じる）**

問二　**（例）父親のタンカー事故以来、とても信じられないようなことを信じなければならないと思うようになっていたから。**

問三　**座敷わらしの話**　解説　「これ」は、1～7段落の全体を指示していると考えられますので、ひとことでまとめるなら、「これ」の直後の「座敷わらしの話」が解答となります。

問四　イ　解説　傍線《ぼうせん》部の直後の⑩段落から、「ぼく」が「とても信じられないようなことをこそ、信じなければならないという気持ちになっていた」ことがわかります。それは、「だれもが予想しなかったあの事故」（⑨段落）による父の死という、受け入れたくない出来事を、「ぼく」の心が受け入れようとしていることを意味しているのでしょう。

問五　イ

問六　ふし

問七　1オ　2カ　3ウ　4イ

㉒物語（2）

179ページ

1

○基本設定

人物＝隆・母・小僧・兄たち・姉

時間＝昭和十年頃、四月半ば

場所＝隆の家・学校の洋服屋・中学校

○意味段落《だんらく》分け

【発端《ほったん》】兄のお古の外套をあてがわれたことに反発し、金ボタンをつけてくれと母に言い返し、母から一円を受け取る隆　1～4

【展開《てんかい》】意地になって一円を使い切って五十個の金ボタンを買って帰り、みんなつけてくれと母に意地を張る隆　5～7

【山場《やまば》】本当に五十個の金ボタンをつけた母、意地を張って外套を着て出かけながら、学校でボタンの糸を切ってしまった隆　8～9

○解答

問一　母への不信　解説　これが事の発端ですね。1段落です。

問二　A オ　B カ　C イ　D エ　E ウ　F ア

問三　（例）自分のお古の外套とくらべて、みんなの新しい外套を、うらやましいと思っていたから。

問四　なみだ

問五　（例）母からもらった一円を使い切ってボタンを五十個買ってきたこと。

（例）五十個のボタンをみんな外套につけるのだと主張したこと。　解説　傍線《ぼうせん》部の直前の7段落に「ただもらった一円を他のことには一銭だって使いたくない気がしたままであった」「どこまでもみんなつけるのだと主張しないわけにはいかなかった」とあるのが、隆が強情を張っている描写《びょうしゃ》ですので、ここから解答を作成します。

問六　よけいなう　～　しかった。

2

○基本設定

人物＝光太夫・庄蔵・新蔵・小市・九右衛門・磯吉

時間＝江戸時代

場所＝ロシア

○意味段落分け《だんらくわけ》

【発　端】庄蔵の帰化に動揺し、新蔵の脱落を警戒する日本人たちと、そんな彼らの心を見ぬいて、開き直ったようなことを言う、如才《じょさい》ない新蔵　1～5

【展開1】新蔵の帰国を光太夫に託《たく》しつつ、その語り口に、母への思慕をのぞかせる庄蔵　6～8

【展開2】せっせとラックスマンのもとで働く磯吉、帰国願いに対する沙汰を待ち続ける光太夫　9・10

○解答

問一　残り少ない仲間　解説　4段落に「残り少ない仲間からもう一人の落伍者を出すことは、

だれにしてもさけたいことだった。」とあります。

問二　（例）新蔵がロシアに帰化するということ。 解説 傍線《ぼうせん》部の直前に「……新蔵の場合も、そういうことがないとは言われなかった。」とありますので、「そういうこと」が指示する内容を整理します。

問三　ウ 解説 4段落後半の、小市の新蔵についての発言が解答の根拠《こんきょ》となります。

問四　ア　食　イ　直

問五　残り少ない　～　とだった。 解説 傍線《ぼうせん》部に「そういう小市や九右衛門の心の内を、」と指示語がありますので、直前から探《さが》します。

問六　この国に居残るようになれば居残ってもいいという態勢
帰国のことは帰国のことで忘れていないところ

問七　ウ

問八　イ 解説 傍線部直後の「自分の言葉の持つ空疎さはやりきれなかったが、光太夫はそれに耐えた。」を解答の根拠とします。自分で自分の言っていることが信じられなくなっている状態でしょうね。

問九　イ

第7章　詩

㉓ 詩　202ページ

1 問一　(例) 仕事

問二　(例) 自動車や急ぐおとなたちにじゃまされず、思いどおりに歩けるから。 解説 傍線《ぼうせん》部直前の「広い道ほど、子どものきみは肩身が狭い。」とは逆の状態を書きましょう。

問三　ウ

問四　(例) きみが、けりながら歩くための小石を、真剣に選んでいる様子。

問五　イ 解説 傍線《ぼうせん》部直前に「歩くってことは、その繰りかえしだけじゃないんだ。……こんどはこの道をこう歩いてやろう。」とあります。単なる繰りかえしではない、決まったことをなぞるだけではない、ということですから、そこにあるのは「自由」だ、と言えそうです。

問六　(例1) ここからそこにゆくという、ただそれだけのもの。

(例2) 右足をまえにだし、次に左足をまえにだすことを繰りかえして、ただまっすぐ進むもの。 解説 傍線部の「一人の男のすがた」は、8段落で「一人のおとな」と言いかえられていますので、8段落から(例1)の解答例を作成しています。解答例にはありませんが、「おもしろくも何ともない」(6段落)から解答を作成しても良いでしょう。

問七　（例1）歩くことに楽しさを感じない人。

（例2）歩くことが好きではなくなった人。

（例3）自由な道の歩き方を忘れてしまった人。　解説「おとなのきみ」が描写《びょうしゃ》されている、7・8段落を解答の根拠とします。

2

問一　（例）受粉させること（受粉を助けること）
問二　虫（虻）・風
問三　（例）自分も知らないうちに誰かのために役立っていたのかもしれないということ。　解説 8・9段落が解答の根拠となります。
問四　私は、花が　解説「新鮮な驚き」（1段落）がきっかけで、「これは何かあるな、と思って少し調べ」（2段落）た結果、作者は「生命の世界の基本構造」（7段落）にたどりつきます。したがって、この詩を書くきっかけに当たるのは、1段落冒頭《ぼうとう》であったということになります。
問五　自家受粉は種族の繁殖によくない（から。）　解説 傍線部《ぼうせん》「『他者』を介入させる」とは、具体的には他家受粉のことですので、なぜ花が他家受粉を求めるのか、その理由に当たる記述を探《さが》します。
問六　A　自家受粉　　B　他家受粉

問七　エ　解説　傍線部の直前に「この『他者同士』の関係は、おたがいがおたがいのための虻や風であることを意識しない関係です。」とありますので、「気づかぬうちに」とあるエを選《せん》択《たく》します。

問八　ア×　イ×　ウ×　エ〇　解説　アは「自己中心的な生き方」とあり、これは「他者に迷惑をかけても気にかけず、いつも自分がよければそれでよいという生き方」を意味します。ところで、6段落に「生命体はすべてその内部に、それ自身だけでは完結できない『欠如』を抱いており、その欠如を『他者』によって埋めるよう、自己を運命づけている」とあります。ここから、作者の指《し》摘《てき》する「自己完結性」（5段落）とは〝「欠如」がなく「他者」を必要としない状態〟だとわかります。いっぽう「自己中心的な生き方」は、「他者」を必要としているくせに自分を優《ゆう》先《せん》する態度ですから、「自己完結性」と同じ内容を指しているとは言えないので、×とします。さきほどの問七で見た「意識しない関係」からしても、わざわざ「他人に役立つ生き方をしよう」という心がけは必要ない、ということになります。イは「すべての他者に対して恩を感じる必要がある」が、「他者にたいして、一々、礼を言わなくてもいい」（9段落）と食いちがいますので×。ウは、前半は合っていますが、後半「生物が長い年月をかけて作り上げてきたものである」が、文中で触《ふ》れられていませんので×。エは、7・8・10段落の内容に合っていますので、〇とします。

ワンコイン問題集シリーズ

小6国語問題集

令和五年三月一日　初版刊行

著　者　大岡　淳
発行者　原　精一
東京都江東区亀戸八-二五-一二
発行所　株式会社　日栄社
〒一三六-〇〇七一　東京都江東区亀戸八-二五-一二
電話　〇三-六八〇七-〇八〇一（代）
ホームページ　https://www.nichieisha.com/
印刷所　三省堂印刷株式会社
カバーイラスト　二平瑞樹
ブックデザイン　木村祐一（ゼロメガ）
DTP　ゼロメガ
ISBN978-4-8168-5612-9　Printed in Japan
本シリーズの電子書籍版「ツーコイン電子参考書・問題集シリーズ」の制作にあたっては令和二年度事業再構築補助金の交付を受けました。